西澤真理子

リスクを伝えるハンドブック

災害・トラブルに備える
リスクコミュニケーション

エネルギーフォーラム

はじめに

「リスクコミュニケーション」って何でしょう？

「リスクを伝えること」です。もう少し言えば、「科学技術にまつわる安全と危険の程度を分かりやすく、だけれども正確に伝えること」です。

わたしは欧州でリスクコミュニケーションについての研究生活を送った後、帰国し現在に至るまで、食べ物や健康についての安全の話をどう分かりやすく社会に伝えるか、行政や企業のコミュニケーションのコンサルタントをしてきました。

2011年に福島での原発事故が起き、住民との対話に関わったことから、国連の国際原子力機関（IAEA）で、コミュニケーションの指針作りに携わってもいます。

国内外での経験で感じたことはただ一つ。

「相手に『伝わるように』伝えることは難しい」

それは、相手はあなたではないからです。あなたと同じように見えたり、感じたり、考えたりしないからです。「ものの見方」という表現がありますが、その見方の違いです。

さらに、科学の「安全」と社会が感じる「安心」は別のものだということも、私たちはつい忘れがちになります。科学的に安全でも、一般の人が納得するとは限りません。科学的事実とそれを受けとめる感情は別なものです。けれども、その違いをお互い、とりわけ伝える側が受け入れないと、社会の中でのリスク感に分断が生じ、リ

スク論争が起きます。

　これらの違いを見極め、対話を通じて埋めていく作業がリスクコミュニケーションです。

　言葉による誤解、「ものの見方」の違いによって起きる摩擦を甘く見てはなりません。失敗するとお客様、消費者、地域住民の間の不満、不信感が募り、クレームや風評被害にまでつながっていきます。

　ネガティブな話が多い「リスク」を伝える際には、伝える環境はどうか、別の見方のあることを忘れていないかなど、まずは伝える側の事前の洞察力と準備が決め手となります。

　2000年に入り、急激なデジタル化が進みました。それでも、人の心や感情はデジタルのようにはっきりと白黒が付くものではありません。「平成」という元号も30年が経ち、もうすぐ終わろうとしていますが、高度成長期時代には有効であった「上意下達」「説得型」のような「昭和」的なやり方が、今の時代にどこまで通用するのかという課題もあります。

　この本では、リスクコミュニケーションの基礎からメディアや一般、地域住民との対話まで、社会におけるリスクを見極め、リスクを伝える際の具体的なヒント集となるように書いていきました。

　多くの現場で実践が行われることを期待しています。

目 次

1章　リスクコミュニケーションとは　7
1-1 「グレー」をわかりやすく伝える　8
1-2 信頼関係を作るもの　10
1-3 危機時にはクライシスコミュニケーション　12
1-4 科学と社会をつなぐツール　14
1-5 論理と数字の説明だけでは腑に落ちない　16
1-6 リスク（量）とハザード（質）は全くの別物　18
1-7 リスクとハザードは混乱しがち　20
1-8 リスクを「見える化」する　22
1-9 セシウムを「見える化」する　24
1-10 リスクはトレードオフされる　26

2章　リスク心理とリスクバイアス　29
2-1 伝わりやすいものは単純明快　30
2-2 人は直感で判断する　32
2-3 脳のクセが人の行動に出る　34
2-4 何を怖いかと思うかもパターンがある　36
2-5 リスクは社会で引き延ばされたり、小さくなる　38
2-6 阻害要素をセグメント化　40

3章　メディアバイアス　43
- 3-1　メディアの「ブラックボックス」作用　44
- 3-2　メディアバイアスは世論を動かす　46
- 3-3　誤報・勇み足報道　48
- 3-4　メディアは空気を読んでいる　50
- 3-5　健康油エコナの「発がん」騒動　52
- 3-6　携帯で発がん？の真相　54
- 3-7　メディアバイアスには検証が必要　56

4章　リスクリテラシー　59
- 4-1　「普段食べているから大丈夫」という勘ちがい　60
- 4-2　食中毒が一番のリスク　62
- 4-3　「トマトには遺伝子がない」？　64
- 4-4　「発がんは添加物と残留農薬」？　66
- 4-5　無添加、無農薬からニセ科学詐欺まで　68
- 4-6　リスクリテラシー教育と人材不足　70

5章　科学者・技術者のコミュニケーション　73
- 5-1　すれ違いが生まれる理由　74
- 5-2　「科学の言葉」と「生活の言葉」は違う　76
- 5-3　「説得ではなく納得」には「聴く」ことから　78
- 5-4　「上から目線」のコストは高い　80

5-5　科学者の「情熱」でも動かされる　82

6章　企業とリスクコミュニケ―ション　85
6-1　「安心宣言」しても手綱は企業にはない　86
6-2　「安心」マーケティングのコスト　88
6-3　企業と社会のずれを認識する　90
6-4　重いフットワーク、現場とのかい離　92
6-5　社員による食品への農薬混入事件から　94
6-6　「監視カメラ」は解ではない　96

7章　住民とのコミュニケーション（平時）　99
7-1　原子力をめぐる対話は何を求めたか　100
7-2　参加型リスクコミュニケーションの方法　102
7-3　静岡ステークホルダー勉強会とは　104
7-4　主体的に情報を取りに行く　106
7-5　ステークホルダー勉強会を行った意義　108
7-6　別の立地県での実践　110

8章　住民とのコミュニケーション（緊急時）113
8-1　被害を受けた土地ではまず何をするか　114
8-2　聞き取りで全体像を描く　116
8-3　「放射線への疑問に答えます」で分かったこと　118

8-4　ターゲットを絞った「参加型」「体験型」勉強会　120
8-5　リスクを見せる、比べる　122
8-6　具体的に話すこと　124

9章　リスクコミュニケーションの改善に向けて 127

9-1　「相手は自分と違う人」からスタート　128
9-2　ナッジでの方向づけ　130
9-3　対話のデザインが大切　132
9-4　平時からのコミュニティーづくり　134
9-5　メディアの「目利き力」を一緒に作る　136
9-6　取材に応じる専門家が必要　138
9-7　発信力の時代に求められる専門家とは　140

あとがき　143
参考文献　146

1章
リスクコミュニケーションとは

1-1

「グレー」をわかりやすく伝える

💡 Point

> リスクコミュニケーションは科学や技術の安全性についての科学的判断とその管理の方法を伝えるツール

　リスクコミュニケーションとは、ある人が別の人に、リスクについてそれが「どのようなリスクなのか」「どの程度のリスクなのか」「どう対応するのか」を伝えることです。日本では「リスコミ」とも略してよく呼ばれ、様々な方面から情報を集めそれを分析する「リスクアナリシス」の一要素です。

　リスクアナリシスは、「リスク分析」とも訳され、リスク（科学技術分野でのリスク）に対応するためのマネジメントの考え方です。科学や技術の危険度を平時から伝えるために、欧米で1980年代にかけて確立し、その実践が行われるようになりました。

　リスク分析では、科学的な安全性判断の「リスク評価」、それに基づくリスクコントロールのための政策や管理方法の「リスク管理」が実施されます。これらを伝えることがリスクコミュニケーションです。基本的な形は図にあるような三角形になります。

　「リスクコミュニケーション」は学問上も、実践でも長い経験がある社会技術（テクニック、スキル、ツール）です。「伝える」ことを習慣とし、伝える側、伝えられる側の信頼関係を築いておけば、事故時や災害時に、情報不足によるパニックが生じにくくなります。

　日本では導入されて日も浅いこともあり、「リスクコミュニケー

ション」と聞くと、様々な人がいろいろなことを思い浮かべますが、広報ともビジネスマナーとも違います。リスクコミュニケーション＝科学・技術の安全性・危険性の程度を伝える道具です。まずはここを押さえましょう。

リスクは「白黒」がつくより、不確実な部分が多いことがほとんどです。ですから丁寧に、リスクという「グレー」なものの濃淡（程度）をわかりやすく伝えていくのです。

なお、リスク分析は近年進化していて、科学的な安全評価だけではなく、科学・技術を社会がどうとらえるかという「リスク認知」をその要素に入れ、リスクを社会的な側面からとらえる社会リスク評価にも広がってきています。

リスク分析の中のリスクコミュニケーション

1-2

信頼関係を作るもの

Point

> リスクコミュニケーションの目的は信頼の構築。一方通行の情報伝達は第一歩。お互いの信頼関係を作るために双方向型が大切

「コミュニケーション」がソフトに響き、誰でもできそうに聞こえるためか、リスクコミュニケーションの目的もあいまいに解釈されがちです。パンフレットを配る、ビデオを流すなど、安全情報の一方通行的な伝達は、リスクコミュニケーションの「第一歩」。その先が重要です。

リスクコミュニケーションでは意見や感覚が違う人たちとも双方向に意見を交換し、相互理解を図りながら、リスクとどう付き合っていくのかを共に考えていきます。自分たちの安全を自分たちで守っていくために、対話に参加することでそれぞれの責務の共有を確かめていきます。このような過程に様々な関係者が参加することで、他人事や「対岸の火事」ではなく、自分の責務として考えていくことができるのです。ともするとありがちな、事業者や行政だけの責任ではなく、皆で科学や技術を社会のために役立てていく意識と流れが出てきます。

信頼の構築にも、双方向の意見交換という過程は重要です。共に時間を過ごし、この人、この組織の言うことであれば「信じる」と、お互いの信頼を築くことで、安心して暮らすことができる安全な社会を「皆で」作り上げるのがリスクコミュニケーションの最終的な

目標になります。

　他方、リスクコミュニケーションが目指すものを実施する側がよく理解しきれていないと、「安全ですから安心してください」という説得型や、単に情報を流すだけの一方通行の話となり、本来目指すところからずれていってしまいます。

リスクコミュニケーションと広告の根本的な違いは、科学・技術の安全情報、科学的事実を正確に伝えることです。利益を追及する企業でも「正確に」というところは曲げてはなりません。ただ科学的に正確だからといって、受け手の感情を損ねるような伝え方もしてはなりません。不十分、不適切なコミュニケーションは不信感を生み、逆効果になります。　こういった作業には時間と労力がかかります。「焦らず、くさらず、おごらず、こつこつ」と。よりよい社会を共に作り上げていくためという目的を見失わないことが大切です。

リスクコミュニケーションの目的

1. 安全情報の伝達
2. 利害関係者間の意見交換
3. 相互理解の促進
4. 責務の共有

信頼の構築

リスコミは信頼の構築を目指す

1-3

危機時にはクライシスコミュニケーション

Point

平時にできないものは、緊急時にできない。平時からの準備が鍵

　リスクを社会に伝える「パブリックコミュニケーション」には、3種類があります。平時に行うリスクコミュニケーション、危機や緊急時のクライシスコミュニケーション、クライシスから平時に移行する際のコミュニケーションです。しかしこれらが混同され、緊急時に伝えるべき情報が発信されないことがあります。

　人命優先の危機や緊急時にはクライシスコミュニケーションを行います。リスクコミュニケーションを行ってはなりません。危機時には人命が最優先です。平時のように、情報がすべて集まってから公開すると手遅れになります。入ってきた情報は、記者会やプレスリリース、ＦＡＸ、ウェブ、フェイスブックやツイッターといったＳＮＳなど、複数のツールを使い、随時公開していかなければなりません。多くの人が影響を受ける大きな事故、センシティブな情報を扱う場合には言葉の選び方だけではなく、見振り手振り、発声や言葉遣いなど、ボディーランゲージにまでも配慮します。時間が限られるため、平時と違い、一方通行型になります。

　初期情報の出し方がとにかく大切です。初期情報で間違うと、後で取り返しのつかないことにもなります。ただ、緊急時には、初期が最も混乱します。平時からこのような時にはこういうメッセージ

を流す、誰が決定の権限を持つかなど、緊急時に備えて十分すぎるほどの準備をしておく必要があります。「平時にできないことは緊急時にもできない」。緊急時の「奇跡」を期待してはなりません。

　大地震や大津波といった自然災害は、規模が想像しにくく、平時からリスコミをするのが難しいのは事実です。しかし、普段から自然災害のリスクを想像し、一人一人の実際の行動を促すために、平時にリスクコミュニケーションを行っていることが、緊急時の対応を決定づけます。クライシスコミュニケーションについての具体例は『リスクコミュニケーションハンドブック』(巻末参照) をご覧ください。

	タイミング	名　称	方向性
パブリックコミュニケーション(社会への情報伝達)	緊急時、事故時	クライシスコミュニケーション	一方通行型
	平時	リスクコミュニケーション	双方向型
	緊急時からの平時への移行期	(ポストクライシス)リスクコミュニケーション	双方向型

平時と緊急時のコミュニケーションの違い

1-4

科学と社会をつなぐツール

💡 Point

> 人に伝わりやすいものは単純で分かりやすいもの。相手の視点に合わせて相手の知りたいことを伝える

　リスクコミュニケーションは、リスクを正確に伝え、行動の変化を促すことも視野に入れます。人は腑に落ちること、納得することにより選択を変え、行動するからです。行動の変化までも促すのであれば、単なる理解を超え、納得感を引き出さないとなりません。そして、人はイメージできないと腑に落ちません。

　人に伝わりやすいものは単純で分かりやすいものです。具体的なもの、イメージが湧くもの、印象に残るもの、メッセージが簡潔であるもの、また、感情に訴えるものです。

　大まかに言えば専門家は科学と論理で伝え、一般はイメージで理解します。これが専門家と社会とのギャップです。情報を提供する時に「伝わらない」と悩むようであれば、論理や数字に引っ張られすぎている可能性はないでしょうか？そこをイメージや直感で補う必要があるのです。ここでコミュニケーションが役立ってきます。言い換えれば、一般（イメージ、感情）と科学（論理、数字）を結ぶのがリスコミの役割なのです。

　将来の「リスクをイメージで伝える」ということは、起こるかどうかも分からない事故や災害に対して、どうふるまうかをまずは考えるということに他なりません。多くの場合には、規模や期間が正

確に想定できなかったり、専門家によって評価がまちまちだったりします。リスクコミュニケーションはこの不確実なものを専門家の世界を超え、社会にイメージしやすく伝える作業なので、専門家同士の会話よりも難しいでしょう。

リスク情報のような往々にしてネガティブな事柄は、多くの人がマイナスに捉えます。ですから、より高度な洞察力で相手を観察し、相手の環境、置かれた立場を見極めてから伝える必要があります。

相手に伝わらないのであれば、何も話していないのと同じです。伝える内容が「危ない」と誤解されるのであれば、伝えることそのものが逆効果になってしまいます。

専門家は普段、専門家を相手に話すことが多いので、一般や社会向けに話す際には、気をつけないといけません。

1-5

論理と数字の説明だけでは腑に落ちない

Point

> 数字や確率での説明ではイメージがわかない。一般と専門家の間の
> ギャップを把握し、相手の目線や関心に合わせた説明を工夫する

　専門家と社会のずれをもう少し説明しましょう。

「専門家が各種のシミュレーションをやっているではないか。それを伝えれば十分ではないか」という反論があります。確かに、地震や津波が起きた場合の被害の推計がいくつか出ていますし、地震そのものが起こる確率も計算されています。しかし、専門家が提示する数字を、そのままリスクコミュニケーションに使えるわけではありません。シミュレーションの結果は公表されますが、果たして何人が具体的な予防策を打とうと動いたでしょうか。

　人は論理や数字では納得しません。なぜならば、人は情報をイメージ、直感、感覚、感情で判断するからなのです。「○○が起きる確率は何％」「何％の可能性がある」と言われても「ピン」と来ないのです。

　一般に分かりやすく説明するとなると、専門家の話はさらに細かく、長くなっていきがちです。数字や専門用語が頻繁に出てきて、話は印象に残りません。

　福島第一原発の事故の説明でも同じでした。放射線の専門家が一般向けに説明する機会が増えましたが、そうした説明会はたいてい、放射線科学の基礎講座や大学の授業のようなものになりがちで

した。

　α（アルファ）線、β（ベータ）線、γ（ガンマ）線といった放射線の種類、ベクレル、シーベルト、グレイといった放射能に関する単位から話が始まります。事前に勉強してきた私でさえ、理解が追いつかないことがありました。説明会が終わった後、こっそりと一般の参加者に聞いたところ、単位の話が出てきたあたり、つまり最初の5分あたりから、全く理解が追いついていないようでした。

　この説明方法はニーズに合っていません。市民は講義を聞きに来たわけではありません。自分たちの生活が「大丈夫か」「どう自分たちで家族の健康を守れるか」「具体的にどう行動したらよいのか」を聞きに来たのです。

　数字と論理を駆使して、科学的に正確に説明することは一見良いことに見えますが、リスクコミュニケーションの場面では必ずしも第一に求められることではありません。だからといって、相手の理解レベルが低いと決めつけ、説明を投げやりにし、「上から目線で」説得することでもありません。相手の目線に合わせ、相手がイメージできるように工夫をこらして、自然に腑に落ちるよう、説明することです。

1-6

リスク（量）とハザード（質）は全くの別物

💡Point

リスクとハザードに「危険」という同じ言葉が使われ混乱している

　ここまで「リスク」という言葉を使ってきましたが、リスクコミュニケーションが日本でなかなか根付かないことのひとつに、この「リスク」という言葉の意味が理解されないことがあります。

　リスクとは好ましくないことが起きる、あくまでも「可能性」のことです。私たちが普通に生活する中で、リスクはどこにでもあります。道を歩いていても部屋の中にいても同じです。

　ここで、リスクとハザードという言葉について整理します。日本ではこの「リスク」と「ハザード」をどちらも「危険」という一つの言葉で表現するため、多くの人がその内容を誤解しています。

　リスクとハザードは全く違う概念です。

　ハザードは「危害因子」「有害性」、リスクは「危険度」「好ましくないことが起こる可能性」です。前者は定性的なもの、後者は定量的なものです。だけれどもどちらにも、日本語では「危険」という言葉が使われます。その結果「○○は危ない」と、「リスク」（量の話）が混同され、「ハザード（質の話）コミュニケーション」が進みがちです。

　理解を進めるためにひとつの例を挙げましょう。アルコール飲料は明らかな発がんハザードです。つまり、アルコールには明らかに

1章 リスクコミュニケーションとは

ヒトへの発がん性があります。ハザード＝危険、と誤って説明してしまうと、「お酒という『危険』なものを販売している！なぜそんな危険なものを販売するのか」というようになりますね。でも、お酒が普通に売られているのは、リスクの考え方があるからなのです。また、「飲酒は適量であれば（血行が良くなるので）循環器系に良い」ともされます（最近は、少しでもリスクがあるという論文も出ていますが…）。アルコール飲料そのもの（定性的）にはハザードがありますが、あくまでも量の話（定量的）ですので、大まかに言えば、少量であるか多量であるかでリスクが高い（大きい）か低い（小さい）かが変わってくるということです。男女差、個人差はありますが。

地震のリスクも同様に考えます。地震自体はハザードですが、そのリスクの大きさはその規模（マグニチュード）や都市構造などによって変わります。
「リスク（危険度）＝ハザード（危害因子）×さらされる頻度や量」
まずはこれを押さえましょう。

リスク＝ハザード×さらされる頻度や量

1-7

リスクとハザードは混乱しがち

💡 Point

> IARCの発がん分類は「ハザード」を科学的確からしさに基づいて分類しているだけ

　もう一度、「ハザード」を理解するためにお酒を例に出しましょう。アルコール飲料は「明らかにヒトへの発がん性がある」とグループ1にWHO（世界保健機関）の関連機関であるIARC（国際がん研究機関）が分類したように、発がん性が明確にあります。これは、科学的な根拠（動物実験）と、疫学（人の集団を対象にした疾病の研究結果）に基づいて判断したところ、人への発がん性が最も確実なグループに入るという意味です。表にあるように、グループ1には、太陽光線、放射線、タバコの煙なども入っています。

　グループ2A「発がん性がおそらくある」には、ポテトフライやチップスなどに含まれ、でんぷん質を高温で揚げると副産物としてできる「アクリルアミド」も含まれています。これは「おそらく」と表現されているように、根拠は強いものの、確実に発がん性があると分かっているグループ1には入りません。

　IARCによるハザード分類は「発がん性についての科学的根拠の強弱」を示しています。「発がん性そのものの強さ」を示しているのではありませんから注意が必要です。リストにある物質でも、その摂取＝「がんになる」という訳ではないのです。でも、このリストが「リスクの大きさ」だと頻繁に誤解され、「○○は危ない」

1章 | リスクコミュニケーションとは

という情報が拡散します(さらに知りたい方は、リテラジャパンのHPに公開されている『リスク評価ハンドブック』を参照ください)。

　ハザードとリスクの議論が混乱して大きな社会議論になったものは、数多くあります。最近では、携帯電話の電磁波(グループ2B)、加工肉(グループ1)や赤身肉(グループ2A)、でんぷん質を高温で揚げる際に生成されるアクリルアミド(2A)など、IARCのハザード分類に入ったものが発表される度に、「発がんだから危険だ、心配だ」といった報道がなされました。古くは、グループ1に入るダイオキシンが焼却場から排出され社会問題になった事例(1990年代後半)、福島での原発事故由来の放射線の問題でも同様にパニックが起きました。伝える側はリスクとハザードの違いを理解できていますか？　伝える側がこの違いを整理しきれなかったり、違いについて触れないとコミュニケーションがあいまいになり、誤解が生まれてきます。

IARCによる人に対する発がん性分類リスト

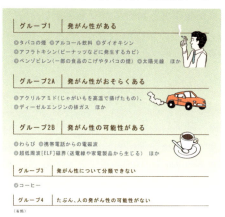

1-8

リスクを「見える化」する

💡 Point

相手がイメージできるものや大きさで表現する。多少正確さを欠いていても伝わりやすい説明を

どうやったら「リスク」が伝わるのでしょうか。

リスクをイメージできやすいもので例える、比較する、可視化する、という方法は、リスクを説明する上でとても有用です。

大雨時の警告では、一時間に何ミリという表現を聞きますね。でも、一時間に40ミリや100ミリの大雨と言われてもピンとこないでしょう。最近の豪雨でも「逃げるほどではない」と楽観的にとらえ、行政の指示を待っていて逃げ遅れるケースが出ています。肝心なことは住民が自分で判断、行動を起こすということです。

東京大学の片田敏孝さんは、カップ酒容器（1合、180ミリ）で雨量を全世帯が測って、1時間雨量が20ミリ（2センチ）以上、連続雨量が100ミリ以上（カップがあふれたら）になったら各自の自主避難の目安にする、と提唱し、その方法が群馬県の自治体で採用されてきているそうです（毎日新聞2014年9月2日付）。

日本酒のカップ酒！　その大きさもイメージが湧きますし、安価で身近に売っているから簡単に利用できます。庶民的なイメージもあり、親しみやすいですね。リスクコミュニケーションは、一言でいえば、伝える相手が「なるほど」「そういうことか」と、メッセージが腑に落ちるかどうかが勝負です。カップ酒の例えはピタリと

1章 | リスクコミュニケーションとは

合っています。

　地震対策でも同様です。名古屋大学の福和伸夫さんは、建物が構造によってどう違った揺れ方をするかを「プリン」と「羊羹」の例で説明しています。「プルプル」か「ガタガタ」。揺れた時のイメージが湧いてきます。

　わたしも普段、五感に訴えるリスクを「見える化」して説明するために、食べ物や飲み物を題材に使います。ビールやポテトチップス、バナナや牛乳を時には講演会場や授業の教室まで持ち込んで、話していきます。反応が明らかに良いですし、相手にイメージが伝わったことが分かります。

　欧米の行政では、多少正確さを欠いていても市民に伝わりやすい説明をする動きが出ています。前項で挙げた、ポテトチップスやポテトフライなどに含まれるアクリルアミドの発がん作用が 2002 年に欧州で大きな騒ぎになると、「こげ茶ではなく、きつね色（Golden, not brown）」と、家庭でのポテトフライなどの調理方法において、市民が、「ああ、そういうことか」と視覚化できる言い回しを使って周知しています。食べ物の色がイメージできる、すぐれたリスクコミュニケーションです。

23

1-9

セシウムを「見える化」する

💡 Point

安全性を確認しても、市民に伝えることができなければ、何も対策を講じていないかのように受け取られてしまう。身の回りにある親しんだものと比較する

　福島での原発事故を大きく混乱させた原因には、放射性セシウムのリスクの大きさが「感覚的に」分からなかったということがありました。この本の8章でも書いたように福島での対話活動では、放射性セシウムを「見える化」したコミュニケーションを試みました。

　2013年7月、福島県の肉牛から暫定規制値を超える放射性セシウムが検出され、「牛肉1キログラムあたり1530～3200ベクレルのセシウムが検出された」と大きく報じられました。数字だけを見て、大量のセシウムが検出されたのではないかと直感的に感じてしまいます。

　そこで、冷静に考えてもらうように情報を工夫して出すことが大切です。1キロの牛肉を一度に、ましてや毎日食べる人はいません。行政の発表はあくまでも「1キロあたり○○」です。1キロ単位で言われるので、怖いもの、危ないもの、というイメージだけが残ります。たとえ3200ベクレルのセシウムが混入した牛肉を食べても、100グラムあたりなら320ベクレルです。200グラムだとその2倍。そう説明されれば少しは「ピン」ときます。

　身の回りのものと比較することも有効です。身の回りの食品には、人間の体内でセシウムと同じ働きをする天然の放射性物質カリウム

40が含まれています。牛乳1リットルに50ベクレル、ポテトチップス1キロには400ベクレルのカリウム40が含まれます。1キロ当たり320ベクレルが含まれるセシウムで汚染された牛肉を100グラム食べたとしても、牛乳1リットルパック6本程度、ポテトチップス10袋程度（1袋100グラムと仮定）のリスクです。自然に摂取されるカリウム40と原発事故の影響で摂取を強要されるセシウムを比較することは、モラルとして許されるのかという問題もありますが、科学的にリスクを比較するということを優先しました。

こうした話を福島のお母さん方にすると、「ポテトチップスと同じくらいのリスク？それなら大丈夫か」という反応が返ってきます。天然の放射性物質を気にする人はそれほどおらず、むしろ塩分や脂質の方が気になります。放射線科学の基礎を講義しなくても、身の回りのものと比較することで、リスクの大きさを実感することができ、過度な不安を取り除くには、これで十分です。

多くのリスクコミュニケーションの問題は、説明する側が数字や論理を前面に出す説明を手放さないところです。

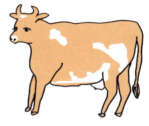

「セシウムとカリウム40は厳密には別の物質だから比較に使うのは不適当」と専門家からから反論されました。その気持ちは分かりますが、これではリスクコミュニケーションは進みません。相手の目線で話すことが大切です。

1-10

リスクはトレードオフされる

💡 Point

ひとつのリスクを避けようとしても別のリスクを呼び込んでしまう。リスクはゼロにはならない

科学技術にはリスクがつきものです。

「少しでもリスクがあれば危険である」という考えは、「リスクをゼロにしよう」という思考に行き着きます。でも、科学的にリスクは小さくすることはできても、ゼロにすることはできません。

リスクをゼロにするのであれば、車も電車も乗れず、飛行機も飛ばしてはなりません。普通に安全だと思っている食べものにも、知らないだけで、様々なリスクがあります。わたしたちはどこかでリスクを受け入れる（受容）、もしくは折り合いをつける（許容）からこそ、豊かな生活を享受できています。

ここで「リスクのトレードオフ」（交換）を説明しましょう。リスクのトレードオフとは「あるリスクを避けることによって、他のリスクを呼びこんでしまうこと」です。ゼロリスク志向が強い日本のリスク議論では、コストの話はなかなか出にくいものです。でも行政のコストは税金として、企業のコストはモノの値段に上乗せされて生活者に跳ね返ってくるのです。

ここでいう「コスト」は、お金だけではありません。資源、時間、労力などを含みます。コストのしわ寄せがどこかに来ることを見通し、コストとベネフィットのバランスを冷静に考え、正当かどうか

を見極めて政策を打ち出さなければなりません。

「トレードオフ？」あまり聞いたことがない言葉かもしれません。でもわたし達は普通に暮らす中で、多くのトレードオフを選択しています。なぜ外国に行く際に、船や電車を使わずに飛行機を使うのでしょうか。なぜ、もっと安全な公共機関を利用せず、より交通事故が多い自家用車を利用するのでしょうか。それは、利便性がよいからです。

　福島の原発事故では低線量被曝が心配と、福島から母親と子供のみで他県に避難する人がいます。でも他方、家族の離散や経済的負担というリスクを呼びこんでしまいます。子供の外遊びを減らした結果、肥満や体力低下が起きます。都会の消費者が、リスクを避けるために福島の農作物を買わないことで、農家が経済的に困窮します。その経済的補償は税金や電気代から支払われるため、巡り巡って消費者にコスト負担を迫ります。トレードオフは実感しにくいので、気づいていないだけです。リスクはトレードオフされ、ゼロにはならないのです。何と何がトレードオフされるのかしっかりアナウンスする必要があるでしょう。

2章
リスク心理とリスクバイアス

2-1

伝わりやすいものは単純明快

Point

伝わるものには一定のパターンがある。伝える内容をデザインすることが大切

この章では、リスクを心理学からの視点で考えていきます。

1章で書いたように、人に伝わりやすいものは単純で分かりやすいものです。「具体的」「イメージが湧く」「印象に残る」「メッセージが簡潔なもの」が感情に訴えるのです。「あっ！」「ああそうか」「ええっ！？」「えーっ！？」「そうか」「ホント？」といった言葉でも表現できるでしょう。

テレビやマンガが良い例です。活字よりもイラスト、映像やビデオ動画の方がよりインパクトがあります。テレビ番組では、短い時間で伝えるため、明快なメッセージ、鮮明な「映像」と、人が飽きないような工夫を凝らしています。

一貫したメッセージや、同じメッセージを繰り返すことでも伝わりやすくなり、情報源の一貫性も重要です。様々な人が複数の組織から異なるメッセージを流すと、情報の受け手は混乱してしまいます。これは、「one voice, one message（一つの声、一つのメッセージ）」とも表現されます。

情報の信頼性も重視されます。「この人が言うなら丈夫だろう」と受け手の信頼を得ることで、メッセージが伝わりやすくなるからです。

声のトーンやピッチも伝えるためには大切です。甲高い声で「危ないです！」とアナウンスをすると、パニックが生じてしまいます。トーンを落とした落ち着いた声で「大丈夫です。5分以内に○○になりますので落ち着いてください」とアナウンスするのです。言葉以外のところでは、しぐさや服装などが伝える側の信頼感に関係しています。何が伝わる要素かを、まずは伝える側が整理して、把握する必要があるのです。

「伝えること」と「伝わること」は違います。伝わっているかを確認する作業は、伝えることといつもペアになります。「伝わっている」と勘違いし、確認作業を怠ると、事故がさらに拡大することにつながるかもしれません。2017年末に起きた新幹線「のぞみ」の車体に発生した亀裂を長時間放置して運行した問題は、発見者と司令官の双方が相手に「伝わった」と思い込んだコミュニケーションが大きな原因だったとされます。

2-2

人は直感で判断する

💡 Point

> 物事を直感と論理で判断する。直感は早いためバイアスがかかりやすい

　なぜ人には伝わりやすいものと伝わりにくいものがあるのでしょう？　それは、人は直観と論理で物事を判断し、多くは直感で判断されていて、単純で分かりやすいものの方が伝わりやすいからです。

　近年、心理学と経済学が融合した、行動経済学が注目され、人は何をどう理解し、どう行動につながるのかに焦点を当てた研究に、2017年にノーベル経済学賞が授与されました。やはり、ノーベル経済学賞を受賞した心理学者ダニエル・カーネマン氏の著書、『ファスト＆スロー』は、「人の脳のくせ」を分かりやすく書いています。人は直感（システム1）と論理的思考（システム2）で判断します。システム1は素早く反応し、システム2はゆっくり様々な情報を咀嚼しながら考えますが、システム1の方が早いため、人は必ずしも合理的な判断を下さず、非合理的な行動をとることがあると説明しています。この説明はリスクコミュニケーションの分野でも役に立ちます。科学的に安全でも、人は安心しないのは、人間が直感で「怖い」と判断してしまっていることが多いからです。さらに人には、現状から変化することを「損失」と感じてしまうような「判断のクセ」があることも分かってきました。

　直感によるバイアス（ヒューリスティックス、法則的な偏り）の

例、判断する際のクセををを具体的に説明しましょう。

「過剰なる自信」(楽観バイアス、ポジティブバイアス)とは、自分が知っていると思っている世界での自信過剰を指します。「自分だけは絶対に離婚しない」「ヘビースモーカーだけれど、自分だけはがんにならない」「自分の会社だけは倒産しない」など、根拠はないのに「自分だけは特別」だと思いがちです。

「現状維持バイアス」も強固です。人は変化を嫌い、現状を維持することが最善と思ってしまいます。似た概念として、利益を得るよりも損失を避けたいと思う「損失回避」や、いったん保有するとそれに高い価値を見出す「保有効果」もあります。

「感情ヒューリスティックス」は、好きか嫌いかで判断が変わるというものです。「確証バイアス」とは、都合のよい情報を集め、それに反する情報を集めない、無視する傾向のことです。

「代表制ヒューリスティック」では典型と思われる特徴を、判断の基準としてしまいます。例えば、ある人の職業が何かを判断することを求められた場合、「眼鏡をかけていて哲学の本好き」と聞くと、「株のディーラー」より、「図書館の司書」と答えます。

　こういった直観が支配する「脳のクセ」が人のリスクの認知にも影響するのです。

2-3

脳のクセが人の行動に出る

💡 Point

「脳のクセ」を前提に情報をデザインする必要がある

直観バイアスや意思決定の際のクセの例はもっとあります。最初に言われた数字に引っ張られやすいことも知られています（アンカリング効果）。未知の数値を見積もる前に、何らかの特定の数値を示されると、それにひっぱられるというものです。最初に値段を3000円と言われ、その後に2000円と聞くと安いと思ってしまうのです。逆に4000円と言われると高いと感じます。

福島での原発事故の話に置き換えると、年間放射線の被ばく量限度「1mSV」という数値が事故当初から報道され、「1mSVは絶対に今すぐ守るべき規制値」と誤解され、「1.1mSVでも1.2mSVでもいや」となっていきました。

「利用可能性ヒューリスティック」とは、身近に聞いた例として、自分の中で世界観を作ってしまい、それが標準になってしまうというものです。アメリカで2001年9月に起きた9・11テロの映像を見て、皆が飛行機に乗りたがらなくなり、車で移動するようになったことで交通事故死が翌年には4%も増えました。

日本でも、食品への「虫など」の異物混入のニュースにより、食品企業のお客様センターへの問い合わせが10倍にも増えたと言います。市民の感度が上がり、普段は何とも感じない黒い焦げが、異

物に見えるからでしょうか。

　群集心理や多数派の行動に合わせてしまう「同調行動」もバイアスのひとつです。皆が言っていたりやっていたりすると、「それが正しい」と勘違いするものです。集団心理が働きやすいと言われる日本人の場合、この影響は強いのではないかと思います。

　フレーミング効果も有名です。お医者さんが「この手術をすることで、3人が死亡する」（ネガティブフレーミング）と言うか、「97人が助かる」（ポジティブフレーミング）と言うかで、患者が受ける印象は全然違います。こういう伝え方の違いで、印象が全く違ってきてしまうのです。

　感動すること、わかりやすい物語で人の心が動きやすくなるということもわかっています。アフリカの5歳の女の子が飢餓状態という顔のアップの写真と、3万人の子供が飢餓の状態にあるという数字を説明するのとでは、写真を見せられた方が寄付額が大きいという検証結果があります。この現象は大きな数字を見せられても実感がわかず、感覚がマヒしてしまう心理的マヒ（Psychic Numbing）とも呼ばれます。

2-4

何を怖いかと思うかもパターンがある

💡 Point

慣れ親しんでいるもの、自発的なもの、自己制御できるものは、さほど不安を感じない

ここからは「リスク認知」と呼ばれ、人は何を怖いと思うかということに焦点を当てて考えていきましょう。世の中にはリスク認知の高いもの、リスク認知が低いものがあります。前者は一般の人にリスクが専門家の判断よりも高く見積もられ、後者は逆に一般の人はそれほど問題に思っていないが、専門家は大きな問題だと言っているものです。リスクイメージの高いもの、リスクイメージの低いもの、とも言い換えられます。

日本でリスク認知の高いものにはBSE（狂牛病）、遺伝子組み換え（GM）食品、添加物や残留農薬があります。リスク認知の低いものは、例えば受動喫煙やお酒の飲み過ぎです。

人のリスク認知は、大きく分けて二つの要素で決められると言います。「恐ろしさ」と「未知性」です。

これらをさらに細かく分類すると、表のようになります。また、リスクだけではなく「メリット」があるかどうかでも認知が変わってきます。メリットがあり、それがコスト（リスク）を上回る場合にはリスクを受け入れます。

自己制御できるかは認知に影響を与える大きな要素です。セルフコントロール、つまり、自分でリスクをコントロールできるかどう

かが大事なのです。自分でリスクをコントロールできるものについては安心します。自分の運転だと安心するが、他人の運転だと怖いという人がいます。自分でコントロールできなくて、他人から強要されたものはリスクが高いと思うのでしょう。

　また、新規や未知のものについてはリスクが高いと思いがちです。「新型インフルエンザ」「毒を持つ新種の○○」というものは怖がります。逆に、慣れ親しんでいるもの、すでに受容されているものについては「怖い」とは思わないのです。子供が関係する場合もリスク認知が高くなります。弱いもの、守ってあげなくてはいけないものについてリスクがあるとなると、リスクを高く感じてしまうのです。福島の原発事故の後に、粉ミルクの中に放射性セシウムが微量に混入していたことがありました。安全性には問題がなかったのですが、これが社会問題になったのは、乳幼児向け商品だったからでしょう。逆に豪雨により逃げ遅れたケースでは、「このくらいの雨なら大丈夫」と思い込んでしまったことが、その理由とされます。

リスクの要素	具体例
恐ろしさをあおる	発がん
死に至ることがあるか	飛行機の墜落事故
リスクはまだ広がりつつあるか	感染症の拡大時
慣れていたり、親しみがあるか	国産野菜vs外国からの輸入野菜、豚レバーの生食
将来の世代や子供に関係するものか	ダイオキシン、低線量放射線被ばく、子宮頸がんワクチン
自発的か vs 強要されたものか	喫煙、飲酒、自然放射線、CTスキャンやレントゲン、飛行機に乗ることによる被ばく、受動喫煙、原発事故による被ばく
新規かvs既知のものか	新型インフルエンザ、遺伝子組み換え技術、BSE、豪雨

2-5

リスクは社会で引き延ばされたり、小さくなる

💡 Point

論理より感情が強く作用する。リスクは実際の評価より大きく見積もられる。その過程にマスメディアと口コミが関わる

　人のリスク判断に、イメージや感情（システム1）や数字や論理（システム2）がどう影響を及ぼすか、数多くの研究があります。筑波大学の掛谷英紀さんは、インフルエンザ治療薬タミフルを例に、タミフルによる異常行動で亡くなる女子大生の物語風の体験談（システム1：情動的情報）と、タミフルの摂取による行動の変化についての研究結果発表（システム2：客観情報）を与えた場合にどう個人のリスク判断に影響するか、調査を行いました。すると事前の知識やリスク判断の大小にかかわらず、体験談と直観に訴えかける情動的情報は、「厚生労働省の研究結果によると〇〇」という数字や論理で示す客観的情報よりも強い影響力を持つことが分かったのです。

　論理よりも感情に流れやすい人の認知にさらに影響を与えるものは、社会でどうリスクが語られるかです。これを「リスクの社会増幅（希薄）作用」と呼びます。この作用により、リスクの大きさが大きく見えたり、小さく見えるのです。

　リスク増幅（希薄）を決定づけるのは4つの要素があると言われ、情報量、議論の広がり、ドラマチック性、象徴性がその決め手とされます。ドラマチック性や象徴性といえば、福島原子力発電所の水

素爆発の映像、核爆弾の「原爆雲」の映像などが典型でしょう。

この作用はマスメディアと口コミという二つのルートによって起こされます。現代の口コミといえば、Facebook、Twitter、LINEなどのSNS（交流サイト）があるでしょう。

過去のリスク増幅化としては、BSE、遺伝子組み換え食品の例があります。リスク希薄化は、受動喫煙のリスクが専門家の判断よりも社会では低くとらえられていることなどが典型です。

現代社会でのリスク増幅に密接に関係しているのがＳＮＳの急速な発達です。インスタント麺にゴキブリが混入したことがきっかけで異物混入に社会が敏感になりましたが、これが大きく注目されたのは、その写真が素早くネットで拡散したからです。

まとめると、私たちは新しいものを怖いと思い、慣れたもの、自分で選択したリスクは低く見積もります。そして、リスクが社会でどう語られるのか、語られないのかが、リスクイメージの形成に深く関わってくるのです。こういった基本的な仕組みを情報を伝える側が知れば、あるメッセージがなぜ人に伝わるのか、伝わりにくいかを知ることができ、メッセージの組み立て方を工夫できるのです。

2-6

阻害要素をセグメント化

💡 Point

阻害要素はひとつひとつ解きほぐして、対応策を練る

1章でリスクコミュニケーションは三角形とご紹介しました。確かにこの図だけ見ると単純に見えます。

しかし、実際はこのようにはうまくいかないことがほとんどです。言うは易し、行うは難しです。

伝え手が伝えたいことが、そのまま相手には伝わらない理由には、「私はあなたではない」という以外に、コミュニケーションを阻害する要素が多いからです。

人がどのような情報を受け取りやすいか、という心理バイアス（脳のクセ）は本章で取り上げた通りです。さらに次章で取り上げるメディアバイアス（3章）、消費者などの社会の情報の受け手側の問題（4章）、企業や科学者といった伝える側の問題（5章、6章）と、リスクコミュニケーションを阻む要素は複雑に絡み合っています。前著『やばいことを伝える技術』（2017年）で書きましたが、これら以外にも、社会の閉塞感、キレてもいいような雰囲気など、日本に独特のリスクコミュニケーションを阻害する要素が存在します。

時代の変化もあります。1980年の半ば、科学の側が一方的に情報を「プッシュ型」で伝えるのではなく、情報の受け取る側の対話を通じて、相手の知りたい安全情報やリスクを伝える「双方型」（プ

ル型)のリスクコミュニケーションの必要性が、欧米で認識され出しました。次の転換期が1990年代の半ばでしょう。欧州でBSEが発生し、クローン羊、遺伝子組み換え技術、遺伝子診断などの新規の技術も登場し、「政府や科学者だけに任せてはおけない」と、対話型や参加型のリスクコミュニケーションが欧米の社会で進んできました。

2000年代前半のスマホの登場、2006年のツイッターの登場によってさらに時代は変わりました。情報を分断する壁が崩れ始め、ネットでは誰でもが発言できるようになりました。このように、従来型のコミュニケーションでは対応がますます難しくなっています。

コミュニケーションを阻害する要素も時代背景も、お互いに関係し合っています。一度に解決しようとすることはできません。まずはひとつひとつセグメントに分けて考え、個別の対応策を練ることが大切です。

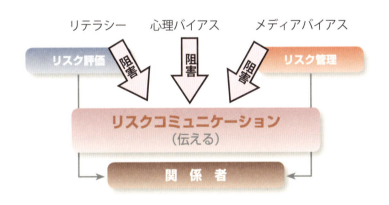

3章
メディアバイアス

3-1

メディアの「ブラックボックス」作用

💡 Point

> 事実は切り取られ編集され社会に伝えられている。メディアから受け取る情報は必ずしも物事の全容ではない

　事実は点や線から成っています。そのままでは人は情報をうまく受け取れません。ですから、メディアが伝える際には、情報は人の心に「ささるよう」編集されます。時に奇抜なもの、センセーショナルなもの、「ええ！」「そうだっ！」と思わず言いたくなるような物語に加工して、感情に訴えかけるのです。加工された物語には論理の飛躍も見られます。とりわけ、科学技術のリスクについての話は複雑で分かりにくいですから、メディアは難しい話を単純化した構図で提示してきます。その結果、誤解を招き、ニュアンスが伝わらずに、単に「危ない」という空気ができやすいのです。BSE が 2001 年に日本で報道された際、ふらふらと足が崩れて立ち上がれない牛の映像がテレビで繰り返し流れ、人間もああなってしまうのかもしれないと、恐怖をあおりました。

「メディア」と一口に言っても、新聞（全国紙、地方紙、スポーツ紙）、テレビ（NHK、民放）、雑誌（週刊誌、専門誌）、ウェブメディアまで様々な媒体があります。全国紙でも、科学部や生活報道部などはリスクの全体像を比較的正確に書きます。社会部は事件を「弱者視点」で書く傾向にありますから、一般の感情に訴えかける一方、事実が脚色されやすいです。東京と大阪でもメディアの色が違います。

3章｜メディアバイアス

　2010年頃からスマホが普及し、インターネットやブログ、SNSから情報を得る人の数が増大しました。ネットは短時間で様々な情報にアクセスできることが魅力ですが、ネット情報はその分、断片的かつ玉石混交です。特色は一気に拡散することですが、誰の言っていることが正確なのか、相場観を得ることが難しいのです。こうしたメディアによる情報の偏りが、「メディアバイアス」につながっていきます。メディアバイアスの対象となった製品やサービスからの消費者離れは、経営を脅かす実害に結びつくことが多々あります。

　私たちがふれるメディア情報は、「メディア・ボックス」（メディアによるブラックボックス）を通過し、物事が変容したり（リスクモディフィケーション）、色がついたり（リスクカラーリング）、一部が切り取られたりしながら（リスクフィルタリング）、これらが「事実」として伝わり、時に誤解されて視聴者や読者に受けとられていることを意識することが大切です。

「メディア・ボックス」出典：西澤、池畑（2008）

3-2

メディアバイアスは世論を動かす

💡 Point

メディアバイアスは世界共通の悩み

　メディアの偏った報道は、政策を動かす世論を形成します。典型例はダイオキシン問題です。1990年代後半、生殖や子どもの発達に悪影響を及ぼす猛毒のダイオキシンが、各種の焼却炉から発生し母乳を通して赤ちゃんを危険にさらしているとして、学校の焼却炉の使用が禁止されるという事例も発生しました。確かに土壌からはダイオキシンが検出されましたが、リスク学者の中西準子氏率いるチームが調べると、土壌のダイオキシン汚染の主犯は焼却場からの排出ではなく、1981年の全面使用禁止以前に水田で使用されていた農薬（DDT）などだったのです。

　日本で遺伝子組み換え作物が初めて流通し始めた1996年頃は、「遺伝子組み換え作物とは、いわば細菌と植物の合体」などと誤ってメディアで紹介されていました。BSE対策でも、全頭検査がBSEの最も有効な手段であるという報道が日本の全国紙でも展開され、科学的に根拠がない牛の「全頭検査」に数千億円もの税金が費やされました。

　メディアの集中報道が人命を奪ったケースまでも存在します。2004年、浅田農産という養鶏所の経営者夫婦が自殺しました。鳥インフルエンザが発生していたのに、その事実を隠ぺいしていたと

いうのです。でもこれは、行政の問題やワクチン接種の問題なども
あり、生産者だけの問題ではなかったのです。後で新聞は「浅田農
産も被害者だった」など書いていますが、当時の報道は各社がヘリ
コプターを飛ばし、まるで生産者を犯罪者であるかのように取り囲
み追いつめて集中報道する「メディアスクラム」が起きていました。

　海外でも、メディアバイアスは古くからの問題です。1970年代
後半に起きたアメリカのスリーマイル島の原発事故、ナイアガラ滝
近くのラブカナル運河で起きたラブカナルのダイオキシン土壌汚染
での報道などがあります。私がイギリスの大学院で学んでいた90
年代後半、ヨーロッパでは、政府の科学・技術政策への批判が強い
時期でした。遺伝子組み換え作物の安全性についての議論も盛んで、
『ガーディアン』などイギリスの高級紙がＧＭ作物へのネガティブ
キャンペーンを行っていました。1996年にはイギリスで初めての
クローン動物である羊のドリーが生まれ、遺伝子がここまで操作で
きてしまうと、科学技術の発展に社会の不安感が高まったこともあ
ります。携帯電話からの電磁波、人へのワクチン接種の恐怖は、英
タブロイド紙（大衆紙）が一役買ったという報告があります。

3-3

誤報・勇み足報道

💡 Point

メディアバイアスは必ずしも意図的ではなく、見切り発信のものも

　メディアが事実を誤って脚色して伝えている事例は、環境、健康、食品など、様々な分野にあります。とりわけ最先端の医学研究についての報道は、医療への応用が期待されるため、事実があやふやなままに見切り発車的に伝えられることがあります。

　ひとつは、iPS細胞による世界初の臨床応用という話です。「iPS心筋を移植、初の臨床応用、心不全患者に」（読売新聞 2012年10月11日付）と、一面記事で伝えられました。当時、東大病院の特任研究員だった森口尚史氏がiPS細胞から作った心筋細胞を重症の心不全患者に移植する手術を6人の患者に実施したというのです。これは後になって虚偽の発表であったと訂正されました。この誤報をリードした読売新聞は科学部の部長も交代となる大きな責任問題となりました。

　さらに数年後、似たような事件が起きました。STAP細胞事件です。2014年の1月29日に、各社から特報が流れます。「新たな「万能細胞」作成成功 マウスで理研、iPSより簡単」（共同通信）という大ニュースです。日本を代表する科学の研究機関である理化学研究所（理研）の若手研究者が成功したというのです。翌日の30日には各新聞社、テレビがトップで伝えます。この万能細胞が多くの疾病を治

療できるとの期待が膨らみました。

　それが一転、発表の数週間あとから STAP 細胞の存在自体に疑いがもたれます。結局、誰も STAP 細胞の再現実験を成功できませんでした。この一大ニュースを華やかにしたのが「30 歳の女性研究者」というシンデレラ物語的展開でした。割烹着を着た、髪形や服装など外見も今どきのおしゃれな女性、と大きな注目が集まりました。

　他にも、「ラットの研究で脳の○○の仕組みが明らかになった」「瞬時に一目でアレルギー物質が見えるように」など、期待を膨らませ、世の中の関心をひく記事は多く書かれます。ただ、それはあくまでも実験室の中での話や、動物での実験データだったりすることが多く、それが実際に人に応用できるかはまだ憶測でしかありません。

　なお、食べ物や健康などをめぐるメディアバイアスの実例は、巻末の参考文献にあげられた書籍などに詳しくあります。

3-4

メディアは空気を読んでいる

💡 Point

メディア情報には社会が求めるものが反映される

「メディアがあおるから悪いんですよ」。でも本当にメディアだけでしょうか？

メディアは社会の関心や動きをすくい上げ、読者が興味のあることを記事にします。商業メディアは広告と読者数で成り立っているため、視聴率や読者数、ウェブであればクリック数を気にします。週刊誌や雑誌は、どのような人目を引く見出しを立てるかで売り上げが決まると言われます。

よって、メディアは社会の空気を読んで読者のイメージに合うストーリーを膨らませているのです。週刊誌では中国産の食材が「危ない」という大きな見出しが定期的に立ちます。でも、品質保証のプロたちが口をそろえて言うのは、日本向けの食材は当局が国内向けとは別の厳しい安全基準を採用していて、中国からの輸入品の基準違反率は高くないということです。日本の大手メーカーは中国に直営の工場を持っているところが多いので、日本と同じ基準で管理する工場で生産されています。

メディアによって作られたイメージが侮れないのは、危ないと「烙印」を押されたものには消費者離れが起こり、社会的、経済的打撃も大きいからです。2014年には異物混入に社会が敏感になり、人

3章｜メディアバイアス

の歯やプラスチック片が混入していたというマクドナルドの異物混入問題でも、「異物混入なんてありえない」という消費者と、「異物混入はゼロにはできない」という企業の間に意識のずれが露呈しました（朝日新聞 2015 年 1 月 19 日付）。「気持ち悪い」という消費者の声で客足が遠のき、マクドナルドの売り上げは一時激減しました。

　世論は政策を動かします。そして世論を作り上げている一つの要素に、メディア情報があります。でもメディアを動かす空気が社会側にあるのです。「体感不安」の高まりを基に、少しのずれも許容しないという「不寛容社会」（精神科医・岩波明氏）において、「ゼロリスク」「安心を」という訴えが厳格なルールを作り出し、ネットの炎上もその延長にあります。こういった空気にメディアは反応しているのです。

出典:『週刊ＡＥＲＡ』より

3-5

健康油エコナの「発がん」騒動

💡 Point

ハザードとリスクの混乱がメディアバイアスにつながる

　メディアによる「発がん」報道がミスリードしてしまった事例を具体的に見ていきましょう。日用品大手の花王(株)の販売していた「体に脂肪がつきにくい」という、トクホ（特定保健用食品）製品であった健康油「エコナ」です。

　2009年9月、報道各社が花王の販売している健康油の「エコナ」に発がんの疑いがあり、花王が販売を自粛したと報じました。その原因は、商品に含まれていた化学物質グリシドール脂肪酸エステルでした。花王側は、発がんの可能性のある物質の混入の事実を公表しました。しかし、エコナを使ったからといってがんになる訳ではないという、「発がんハザード」と「発がんリスク」の違いを説明しきれず、話が一部切り取られて報道され、消費者には「危ないから販売を止めた」との誤解を生んでしまいました。

　科学と技術の進歩で、新しい知見や検出技術が開発されれば、これまで問題なく使っていたり、食べていたものが「問題かもしれない」とされることがあります。過去にはアスベスト、DDTなど、「断熱に有効」「マラリア対策に有効」と重宝されたものが禁止されていきました。油やクッキーなど多様な食品に含まれ神経毒性がある3-MCPD（モノクロロプロパンジオール）、じゃがいもなどのでん

ぷん質を高温で揚げると発生するアクリルアミドなど、これまで長期にわたって食されてきた食品に含まれる化学物質の有害性が近年分かってきています。

エコナでも同様でした。グリシドール脂肪酸エステルは、油の脱臭精製工程で副産物として生成されます。発がん性の疑いのあるグリシドールに変わる可能性を指摘され、問題となりましたが、乳児の粉ミルクにも含まれることが検出技術の向上により分かってきたものです。

エコナの騒動は、ハザードとリスクの混乱の典型例でした。発がん「ハザード」の話が先行してしまい、その実際のリスクの大きさの話まで到達できなかったのです。実は、エコナを摂取することでの発がん「リスク」は普通の人が摂取するアクリルアミド程度です。ポテトチップスやフレンチフライ、カレーのルウ、ビスケットなど、様々な食品に含まれているアクリルアミドを食べているのと同程度ということを、リスク報道を得意としている記者を通して正確に社会に伝えるのに長い時間がかかってしまいました。初期報道の間違いで、エコナのリスクを過大に社会が受け止め大騒ぎしてしまったということなのです。

3-6

携帯電話で発がん？の真相

 Point

新しい技術についてはバイアスがかかりやすい。複数のメディアを見比べ相場感を得る

　携帯電話の電磁波と発がんの話も誤解されることが多いテーマです。2011年5月、IARCは携帯電磁波の発がんハザードを「グループ2B」、つまり、発がんの可能性のある物質と発表しました。その際の報道は冷静なものからミスリードするものまで多様でした。新聞は比較的冷静でした。テレビはハザードの発表を「リスク」と誤解、雑誌や週刊誌は見出しがセンセーショナルでした。比較のために、新聞と雑誌の報道例を挙げます。一番的確な解説をしたのはニューズウイークでした。

《新聞》携帯電話の電磁波 がん危険性も WHO組織が初めて指摘
【ジュネーブ・共同】携帯電話の電磁波とがん発症の関連性について、世界保健機関（WHO）の専門組織、国際がん研究機関（本部フランス・リヨン）は31日、「聴神経腫瘍や（脳腫瘍の一種である）神経膠腫の危険性が限定的ながら認められる」との調査結果を発表した。ＷＨＯの組織が携帯電話に関して発がん性を指摘したのは初めて。国際がん研究機関は、危険性の数値化はしておらず、「（最終的な結果を得るためには）今後、携帯電話の長時間使用について調査を続ける必要がある」としている。（日経電子版2011年6月1日付）

3章 | メディアバイアス

《雑誌》電磁波の危険はこうやって減らせ！！WHOが発がんリスクの上昇を警告（『週刊朝日』2011年6月24日号）
　電話中は脳を料理中という怖い話！WHO警告の「携帯電波」で発がんは本当か（『週刊新潮』2011年6月16日号）

【ニューズウィーク日本版】ケータイ発がん説の正しい怖がり方
「可能性がある」という表現で言い表される現象の範囲はあまりにも広い。ある物事が起きる可能性があると述べても、それほど有益な情報とは言えない。WHOの専門機関 IARC が先週発表した調査結果がいい例だ。これによれば、携帯電話の電磁波は「発がん性がある可能性がある」という。しかし、リスクがどの程度あるかは分からない。要するに「あなたが宝くじに当選する可能性がある」というのと大差ない。(6月15日号)

　バランスのよいリスク感を得るためには、見出しだけではなく本文を読み、複数のメディアを見比べないと難しいことがこの例でお分かりいただけるのではないでしょうか。

3-7

メディアバイアスには検証が必要

💡 Point

受け手側のメディア情報を読み解く能力が問われる。メディア情報の目利きが必要。

正確な情報を得るためには、ニュースの比較以外に何ができるでしょうか。メディア情報は加工されているという前提から、読者が情報リテラシーやメディアリテラシーを身につけること、そしてバイアス情報の検証が必要でしょう。

メディアバイアス検証の具体例として、イギリスの例をご紹介します。英国には日本の健康保険にあたる「NHS」(National Health Services：国営医療サービス事業) が Behind the headlines（見出しの背後）という情報検証を長年にわたり行っています。サイトには、公共放送BBC、民放、英高級紙からタブロイド紙による健康情報の検証とメディアバイアス事例が報告されています。NHSの事業を仕掛けたゴールドエイカー医師は高級紙ガーディアンで「Bad Science」というコラムを執筆、それをまとめた本（"Bad science"2008年刊）はベストセラーになりました。

私はイギリスに4年余り住みましたが、ゴシップネタが売りのタブロイド紙の「〇〇がよい」「ワクチンが悪い」といった見出しは過激です。他方、NHSは医療費の徹底的削減に取り組み、その一環として無駄な治療や薬の処方を中止、患者が受ける医療行為を賢く判断できるようにするという政策を打ち出しました。メディア

3章 | **メディアバイアス**

検証の試みはその政策の一環です。

「リスク情報の目利き」の養成も大切です。日本では、がんについての医療情報のバイアス検証を国立がん研究センターの医師らが行っており、勉強会を定期的に開催しています。がん治療の最先端に立つ医師から直接話を聞ける絶好の場で、読売新聞の「がん診療の誤解を解く 腫瘍内科医 Dr. 勝俣の視点」などで発信している乳がん専門医で日本医科大学の勝俣範之医師の話もここで聞きました。

短く断片的な情報が素早く拡散しやすいネットでも、徐々に記事の検証ができる仕組みが出来てきています。メディアの記事を横断して読める「Yahoo！ヘッドライン」などの記事もさることながら、それに対するユーザーのコメントを比較することができます。ただし、"専門家"と編集部がたとえ認定している人のコメントでも、いつもバランスが取れているとは言えません。「この人は信頼できる人物」という人を見つけておくのは、他のメディアと接する際と同じでしょう。メディアバイアス対策では、読む側の「読み解く力」が試されるのです。

4章
リスクリテラシー

4-1

「普段食べているから大丈夫」という勘違い

💡 Point

自分で選択したもの、好きなもの、慣れ親しんでいるものはリスクを低く感じる

　リスクが伝えられないのは、あいまいな安全情報をうのみにしてしまう消費者の受け取り方にも問題があります。この章では消費者のリスクを読み解く力、「リスクリテラシー」の問題を検証します。

　2章でご紹介したように、リスクの感じ方はイメージで作られます。人工のもの、新しいもののリスクを過大に見積もる一方、自分で選択したもの、慣れ親しんでいるもの、好きなものは大丈夫と思う「脳のくせ」があるからです。

　実は、普通に食べている多くの食品にはリスクがあることはあまり知られていません。食品のリスクというと、添加物や残留農薬などが連想されがちですが、実は自然毒など、植物や動物、魚がもともと持っているものが由来のものも多いのです。

　例をあげましょう。健康に良いとして日本では伝統的に食べられているひじき。ひじきに含まれる無機ヒ素は発がん物質です。ジャガイモのソラニン（緑になっている部分の皮や芽）には毒性があります。東南アジアで好んで食べられているビンロウ（デーツ）も、発がん性の疑いが高いです。わらびも人への発がん性評価がグループ2Bで、発がんの「可能性」があると言われます。可能性という点では、前章で取り上げた携帯からの電磁波と同程度です。

4章｜リスクリテラシー

　コーヒーは格好の眠気覚ましです。カフェインは適量だと肝臓を守る効果があるとされます。他方、若者の過剰摂取は問題です。国内には摂取許容量はありませんが、米国ではＦＤＡがコーヒー４〜５杯にあたるカフェイン400ミリグラムが１日の摂取上限で、医師の団体（ＡＡＰ）はティーンエイジャーには100ミリが上限としています。日本人は体格が小さく、より少ない量でも副作用が出がちだとされます。

　過剰な飲酒のリスクも社会で広く共有できているとは言えません。そもそも、アルコール飲料が発がん性物質だと知らない人も多いです。「お酒は適量だと体に良い」といわれますが、「適量」とはどれくらいの量かを分かっている人は少ないようです（最近はアルコールに適量はないとする調査結果も出ていますが…）。一日当たりのアルコールの適正量が男性で20グラム。ビールに換算すると500ミリリットルが１本、ワインだとグラス２杯。この倍の量を過ぎたあたり（46グラム）から、死亡リスクが多くなります。女性は男性の半分の量でリスクが高くなります。皆さんは大丈夫でしょうか？

4-2

食中毒が一番のリスク

💡 Point

消費者が知らない、「びっくりする」食の安全対策は多い

人に最も身近な食のリスクは食中毒です。

野菜にリスクがあるのを聞くと意外ですが、スーパーで売られるカット野菜も漬物も、野菜の加工の際には菌が繁殖しないように塩素で消毒することが基本です。数年前に北海道で起きた白菜の浅漬けによるO-157集団感染（老人と幼児が死亡）では、この消毒がきちんとなされずに事故が起きてしまったのです。

「塩素で消毒！」。多くの人がびっくりしてしまうでしょう。なんかいやだなと思うでしょう。しかし、現在の科学の知見では、コスト的に見合う方法は、塩素殺菌しかないそうです。

食中毒、特にO-157は危険です。今から20年前の1996年、大阪堺市で学校給食が原因のO-157で1万人規模の集団食中毒が起きました。この事故で3人の女児が死亡。後遺症で女性が2015年に死亡しています。

2011年、焼肉店でユッケを食べた客に毒性の強い腸管出血性大腸菌O-157感染が起き、子供を含む5名が死亡しました。翌年、牛肉の生レバー提供が法律で禁止され、代わりに「豚の生レバーを食べたい」と客の声が大きくなりました。でも、豚のレバーの生食はウイルス性の急性肝炎のE型肝炎を発症するリスクが高いので

す。発症すると、安静に保つなど対症療法しかありません。そして、残念ながら実際に死亡事故が起きてしまいました。

　流通の形態が変わり、鮮度の良い魚が短時間で食卓やお店に並ぶようになり、青魚などに多くいるアニサキス（寄生虫の一種）による中毒が報道されています。テレビで紹介されたダイエットを真似し、生の白いんげん豆をご飯の上にすりつぶして食べた人達が、下痢の脱水症状を起こし救急車で運ばれたこともありました。

　肉はしっかり中まで火を通す、豆は生では食べないということを、庶民は先人の知恵を伝承してリスクを減らしてきたのです。しかし、家庭で離乳食に加えたはちみつのボツリヌス菌により乳児が死亡したりと、生活の知恵が継承されない時代になってきました。

　極端に炭水化物を減らすダイエット、サプリメントによる特定の栄養成分の過剰摂取、いろいろな機能を持つ野菜の不足など、食べ物の摂り方には問題があります。食と健康は密接に関係していますが、食のリスクリテラシーは、家族の形、ライフスタイル、新しい食品技術との付き合い方にも関係しているようです。

4-3

「トマトには遺伝子がない」？

💡 Point

消費者の抱く食品のイメージと知識にはギャップがある。それを専門家が気づくこともリテラシー

リスクイメージと実際の知識とのギャップの例を一つご紹介しましょう。EUと同様、日本も遺伝子組み換え食品への抵抗が強い国です。そこで筆者は2006年、日本生活協同組合連合会と一緒にモニター会員（約3000名の主婦やパートといった女性中心）を対象にして、クイズ形式で意識調査を行いました。

遺伝子組み換え技術について「どう思うか」と聞くと、40％が「不安」と答え、この技術に反対は賛成の3倍以上という結果になりました。消費者が不安感を持つこの傾向は、今でもさほど変わりはないようです。

次にクイズを出しました。「従来のトマトには遺伝子がない。遺伝子組み換えのトマトには遺伝子がある。正しいかどうか」というリテラシーを問う質問でした。これに正確に答えられた人が5割、残りは「よくわからない」と答えるか、間違っていた人でした。つまり、遺伝子組み換えに「イメージとして」不安があるが、遺伝子組み換えという技術自体がどのようなもので、どのようなリスクがあるかよく分からない人が多いということなのです。

でも実は、この「遺伝子」という言葉のイメージが、人体の遺伝子をイメージしやすく、体に悪さをするイメージがあり、言葉によ

るマイナスイメージが大きいようです。

　遺伝子組み換え技術は、「病気に強い」「ウイルスに強い」など、ある特定の形質を持った他の植物や細菌の遺伝子をトウモロコシやパパイヤ、大豆などに組み込んで、新しい性質を持った植物や動物をつくり出す技術です。国によって安全性が審査されて流通しています。全米科学アカデミーは、ヒトへの健康被害はないと報告しています。日本では消費者の不安を主な理由として、花以外は商業栽培されていません。

「トマトに遺伝子があるかどうか」のクイズの話をすると、専門家が驚きます。なぜそんなクイズを思いつくのですかと。トマトに遺伝子があるのは言うまでもないことでしょう、ということなのです。

　ここが、消費者と専門家のずれです。専門家が遺伝子組み換えの話をする際には、そもそも「遺伝子組み換え技術」や「遺伝子」についてはよく分からないけれども、技術が安全かどうかを聞きたい、という市民に対し、遺伝子技術の「科学」の話をしてしまいます。このずれに気づくことも、消費者の受け止め方を専門家が読み解く力、言い換えれば「リテラシー」です。今後、ゲノム編集の農業応用など、新しい技術がどんどん社会に出てきます。伝える側の力がさらに試される時代になっています。

4-4

「発がんは添加物と残留農薬」?

💡Point

発がん要因についても根強い誤解がある

　発がんの原因にも根強い誤解があります。2006年に国立がん研究センターが行った意識調査では、「添加物や農薬」が発がんの原因と答えた人が、「偏った食生活」と答えた数よりも多かったことが分かりました。

　実際の発がん要因はグラフにあるように、約3割がたばこ、3割が野菜不足など偏った食生活、5％が運動不足です。これはアメリカ人のデータ（1996年ハーバード大学）ですが、多くが「生活習慣」由来ということが分かります。このデータでは、食品添加物、残留農薬が1％とされますが、日本人に当てはめると実際には1％未満で添加物の影響はほぼないと言ってよいと多くの専門家は言います。日本人は肥満が少ないのでその分が減り、その代わりにやせ過ぎが問題になります。また、ウイルスや細菌感染が要因のがんの割合が日本人では多く、食塩の取り過ぎは胃がんを増やしているとされます。

　発がん性の根拠のはっきりしているものに対して、禁煙する、分煙する、お酒の量を減らす、運動をする、偏った食生活をしない、などは個人が気をつけることができます。

　肺がん発症リスクはタバコを吸わない人と比べると喫煙者は4倍

以上で、喉頭がんの発症リスクは30倍になるとされ、肝臓がん、女性の子宮頸がんにも影響していることが分かっています。たばこにはIARC分類のグループ1に入る60種類以上もの発がん性物質が含まれます。

さらに、がんの早期発見もがん対策として有効ですが、検診率が日本では低調です。厚労省によると、がん検診受診率は全体の3割から4割で、乳がん、子宮頸がん検診は、OECD（経済協力開発機構）加盟国30カ国の中で最低レベルに位置しているそうです。米国では子宮頸がん検診を85％の女性が受けているのに対し、日本では40％弱。日本では妊娠してから婦人科を初受診するという女性が多いのですが、リスクの高い選択です。

「脳のクセ」により、「自分だけは大丈夫」と思ってしまったり、リテラシー不足もあいまって有効な対策が進まないのが現状です。

(Cancer Causes Control. 1996 Nov;7 Suppl 1:S3-59.)

4-5

無添加、無農薬からニセ科学詐欺まで

💡 Point

最低限の健康リテラシーを身につけること

消費者の健康志向を反映し、日本の食品には、「無添加」「無農薬」といった表示や「添加物ゼロ」マーケティングが多くなされています。こういった消費者の「アレルギー」の原因には「森永ヒ素事件」や「カネミ油症事件」など、過去の悲惨な食品事故があります。消費者運動が起き、無用な食品添加物の使用は控えるべき、との運動は大きな意味を持ちました。

一方、未だに食品添加物と聞くと、「オール悪」になってしまっているような社会風潮は、別の食中毒の事故を引き起こしてしまいかねません。あまり知られていないのは、私たちが普通に食べている野菜や果物について安全性評価は行われませんが、自然由来の発がん物質が含まれています。他方、添加物は特別に厳しい試験が行われているのです。消費者の「自然派志向」による実害やニセ科学も問題になっています。消費者が好む有機野菜などでは、億単位の詐欺事件が起こっています。

2011年の原発事故時にも、内部被ばくを減らすには「玄米食がいい」「みそがいい」「海藻がいい」という話に女性が飛びつきました。これを信じて実行した人の中には実害が出ました。海藻にはヨード（ヨウ素）が含まれますが、取りすぎると甲状腺機能の低下を

起こし、甲状腺ホルモンの合成ができなくなります。海藻サラダなどの食べ過ぎで甲状腺機能低下症の患者さんが一時的に増えたとの報告があります。

　前著『リスクコミュニケーション』で取り上げた「水からの伝言」の話（水に「ありがとう」と言うときれいな結晶ができるという話を学校の道徳の時間で教えた）にもあるように、「〇〇の方がいいよ」といった勧誘は、悪意ではなく、多くは善意からきています。善意によって伝えられることを否定することは、善意の行為自体も否定してしまうことにつながるので、取り扱いが難しいですが、何を選択するかは、個人の自由で尊重すべきです。ただ、その選択が主体的に情報を取捨選択して考えた上での判断なのか、それとも「健康でいたい」「美しくありたい」という願望から情動的に動かされたものなのか、が問われます。私たちはシステム1によって作り上げられるイメージにひっぱられやすいということを知っておくことです。健康についての中立で正確な知識と情報を読み解く力、「健康リテラシー」を身につけることが求められます。

4-6

リスクリテラシー教育と人材不足

💡 Point

様々な階層で体系的なリスク教育を。リスクを伝えるための仕組み、組織や人材が不足している

　リスクリテラシーを養うためには、学校教育も大切です。大学で理系の学部生や大学院生に、「高校までにハザードとリスクの違いをどう勉強してきましたか？」と尋ねると、大半の学生が「勉強していない」と答えます。

「『なぜスーパーのパンがかびないのか？　添加物を大量に使っているから』と高校の家庭科で習いました」。北海道出身の学生が言います。私も神奈川県の高校で同じことを習いました。実際のパン工場はプロの手で滅菌しているので、家庭とは違い多くの菌が付着することが少ないのです。「都市伝説」が繰り返し各地で教えられています。

　家庭科では、食べ物や環境について授業がありますが、リスクの考え方については習いません。理科の授業では遺伝の仕組みは習いますが、リスクを俯瞰的に見渡せるような授業はないのです。日本政府による事故報告書によると、福島原発事故では、日本での放射線教育の欠落が、国民が過剰に放射線の影響を怖がることにつながった、と結論付けました。

「専門家がリスクの話をもっとネットやソーシャルメディアを使って広めればいい」。リスク教育をどうしたらいいかを大学生に聞く

と、そう考える学生がとても多いです。しかしSNSは、確証バイアスが生じやすく、自分の考え方を固定させてしまいがちです。新聞などは広い情報をカバーしていますから、自分とは異なる様々な見方にも読んでいく中で遭遇します。でも今の若い人は新聞を読んでいません。やはり学校で最低限のリスクについての考え方を体系的に学ぶことが必要でしょう。

　欧米の学校では義務教育の頃から、メディアバイアスやメディアリテラシーについて授業があります。日本でも、2008年から小中学校でメディアリテラシーについて、国語と社会の時間に学ぶようになりました。

　リスクコミュニケーションの実践ができる人材も不足しています。リスクコミュニケーションは実学ですから、実現場に足を運び、実践する人材を育てることが必要です。

　正確な情報を発信できる民間団体の存在も大切です。権利を主張する「圧力団体」とは違い、専門性、かつ政策を提言できる力量が求められます。欧米では、大学や大学院で専門教育を受けた後にNPOやNGOに就職する人も多く、博士号を持った人が自然保護やがん研究に携わり、大企業や政府と同等の立場で政策提言をするなど、存在感があります。日本にはこういった消費者団体や市民組織がまだ少ないのが現状です。

5章
科学者・技術者のコミュニケーション

5-1

すれ違いが生まれる理由

💡Point

科学者は論理を説明し、一般の人は安全を聞きに来る

社会での安全情報の混乱には、情報を出す側のリテラシーも関係しています。相手が何を不安に思い、どう情報を出したら理解されるかについて、科学側がどこまで知っているかという意味での「リテラシー」です。

科学者や技術者は「これは安全ですか？ よく分からないのですけれど」と聞かれるとどう説明するでしょう？ よくあるのが「専門情報を噛み砕くことだ」との発想で、5分ぐらいで終わる話を30分もかけ、正確かつ細かく説明し続けてしまう失敗です。一般の人は理解が追いつかないし、途中から聞く耳を持たなくなってしてしまいます。一般の人は、科学の話を聞きたいのではなく、何が安全かどうかを知り、家族の健康を守りたいので、説明を聞きに来ているのです。これが科学と社会とのギャップです。

科学と社会のすれ違いは、福島での原発事故の緊急時に端的に出てしまいました。

ある日、放射線の専門家が福島のスーパーでの講習会の講師をしていました。話し方も物腰もソフトで熱心に話していましたが、今まで厨房で天ぷらを揚げたり、レジ打ちをしていたパートの女性がどれだけ分かっていたのでしょうか。「放射線の種類にはアルファ

線、ベータ線、ガンマ線があります。単位はシーベルト、ベクレル、グレイがあり……」と続きました。参加者はうなずいていましたが、「一体、どこまで理解できているのかな」と私は首をひねってしまいました。何度も放射線の科学の話を聞いている私ですら、難解な話だったからです。

　原発事故が起き、複数の専門家の話を聞きましたが、似たようなパターンが多いです。こういった説明は論理的ですが、最初の5分のところで普通の人は「フリーズ」してしまうでしょう。これ以上の理解はできない、と判断してしまいます。

　さらに、一生懸命話しているのに相手が自分を理解してくれないとなると、専門家の中には「友人や家族は理解してくれるのに」というフラストレーションがたまり、一般市民をないがしろにする態度に出る科学者も出てくるでしょう。

　相手は自分とは違うというところから始め、自分ではなく「相手が」何を求めているかを、対話を通して見極め、話す必要があります。

5-2

「科学の言葉」と「生活の言葉」は違う

💡 Point

> 科学では当たり前に使われる言葉は、生活者の言葉ではないため、思わぬところで誤解を生む

　一般の人と専門家のギャップが顕著に出るのが「言葉」です。前章で書いたように、遺伝子組み換えの安全性について一般向けに科学的な説明をする場合、専門家は「遺伝子」について相手も同じレベルの理解をしているという前提で、技術について深く説明しがちです。でも相手が「遺伝子」とはそもそも何かがよく分かっていないと、最初のところですれ違ってしまいます。「遺伝子組み換え」食品を食べることで、自分の体の遺伝子が変わってしまうかもしれないと、漠然とした不安感を抱いている人は多いのです。

　同じ表現をしても、科学の言葉と一般の言葉では意味が違うことがあります。その典型が、「可能性がある」という言い方です。本当はそれが起こることは「まずない」と思っているのに、科学では100％と言い切ることができないので、99.9999％安全でも、「危ない可能性があります」という言い方になりがちです。でも、一般の人がこれを聞くと、「じゃあ危ないのね」と理解してしまいます。

　確率も分かりにくいです。50分の1の確率とか、100年に一度の大津波と言われても、自分にどう関係するかピンとこないからです。

　私の教える授業で原子力専攻の学生たちが放射線の安全性を一般の人に説明するイベントを行いました。当日は和やかな雰囲気で会

は進みましたが、時折、「放射線の確定的影響」、「確率的影響」と、専門的な話が聞こえてきました。お母さんが学生に質問していたのは、「お布団を外に干しても安全ですか？　放射線は大丈夫？」という質問だったのですが、後日の授業で、「なぜああいう説明をしたの？」と聞くと、「仕方がないのです。僕たちはそう説明する教育を受けてきたのです」と言うのです。

　だからこそ、科学者は平時から一般の人に話す、パブリックスピーキングの訓練を受ける必要があります。専門用語を使わずに話すのは、専門家集団同士の議論よりもはるかに難しいスキルだからです。

　企業と一般社会のギャップは、企業内の技術者の発信力も関わってきます。伝えたいことがうまく伝わらないという要因には、企業の中の技術担当者がリスクを伝える現場で積極的に活用されていないこともあります。

　科学や技術の話は複雑です。伝わらないのは、伝える側にも問題があります。「他者の目」「鳥の目」を持ち、説明の言葉や内容、スライドなど、伝え方が適当かを少し視点を後ろに「引き」ながら見方を変えて洗い出してみることが大切です。

5-3

「説得ではなく納得」には「聴く」ことから

💡 Point

> 「勝手に」腑に落ちてもらうことが鍵。聞くこと・聴くことがリスクコミュニケーションの第一歩

　リスクコミュニケーションの鍵は、相手に「勝手に腑に落ちてもらう」ということです。説得ではなく、相手に納得してもらうことなのです。相手が「勝手に」「自ら」腑に落ちないと、選択の変化や行動変容にはさほどの変化を期待できません。

　そのためには何をするか。相手と理解し合うためには、まずは相手が何をどう思っているのか、何を知りたいのか、を徹底的に聞くことが重要になります。それも「聴く」ということが大切になります。ただ単に、その人の話を漠然と聞いている（hear）のではなく、耳を傾けて情報をキャッチする＝聴く（listen）のです。

　これは言うのは簡単ですが、なかなか難しいことです。「コミュニケーション」となると、うまく「話す」ことに気持ちが引っ張られてしまうからです。「話す」という枠にとらわれてしまうと、「自分の話を聞いてもらおう」「なんとか説得したい」と考えがちです。そして、自分たちの「枠」の中で話してしまいます。それが、世間の認知とずれている場合、問題が生じるのです。自分たちが問題だと思っていることが、相手にとっては大した問題ではないこと、逆に相手にとって大きな問題なのに、それを「大したことがない」と思ってしまうようなずれが起きます。

この章の冒頭でも書いたように、福島でもこのギャップを経験しました。専門家は、エックス線やセシウムの影響、広島や長崎の疫学調査について科学的なことを話すのですが、住民はそういうことを聞きに集まって来たのではないのです。「地元の野菜を食べても良いのか、福島に住み続けて大丈夫か」ということを聞きたいと思って、講演会に集まってきていたので、住民たちは期待外れに思い、「あの先生は自分の好きなことを話して帰ってしまったね」となったケースがありました。科学側が一生懸命リスコミをしても、ずれが埋まらないどころか、評判を落とし、不信感や疑念を生みます。不適切なコミュニケーションは、かえって逆効果になってしまうのです。

　相手が何を不安に思っているのか、こちら側が知らないと適切なリスクコミュニケーションができません。相手は自分と同じレベルの知識を持ってはいない、同じように感じることがないことを前提にするのです。そうしてから、お互いが理解し合うための対話につながるきっかけを作っていきます。それにはまず、相手の話に耳を傾けることです。その段階になって初めて、相手にもこちらの話を聞く準備ができるでしょう。まずは、相手と対話のできる関係を作りましょう。

5-4

「上から目線」のコストは高い

Point

ピラミッドが崩れつつある時代に「受容」はそぐわない

「勝手に腑に落ちてもらう」という、相手にゆだねる考え方と対照的なのは、パブリックアクセプタンス（PA；社会受容）という考え方です。相手が自分の主張を受け入れることを目的としています。70年代後半にアメリカでスリーマイル原発事故が起き、イギリスでも科学絶対主義が批判され、PAという言い方は慎むようになりました。科学を理解しない大衆が悪い、だから科学側が啓発する必要がある、というPublic Understanding of Science（PUS）運動も同様です。その代わりに、90年代半ばから、PAやPUSの代わりとして、同じ目線に立ち、相手に分かりやすく説明する、どこまでリスクを許容するか（TOR：Tolerability of risk）を共に考えるという、リスクコミュニケーションが本格的に使われ始めました。TORはALARP（As Low As Reasonably Practical：実行可能な範囲でできるだけ低く）の考え方に基づきリスクを管理する方法です。

「上から目線」のPAやPUSは論理的に考えても時代に合っていません。現代社会はピラミッド型の情報伝達の形が崩れ、誰でもがブログやSNSで発信できる流動化した社会に変化しつつあります。

しかし、未だにPAやPUSの枠の中での、市民や地域との「リス

5章 | 科学者・技術者のコミュニケーション

コミ」を行っているケースが散見されます。「リスコミは新しい形の説得手法」「安全の押しつけ」と、ある日、福島でのリスクコミュニケーションを批判している新聞記事を目にしました。不適切なリスクコミュニケーションのコストは「不信感」という形で跳ね返ってきます。いったん信頼を失うと、信頼を取り戻すことは容易ではないことは、数々の過去のトラブルからも明確です。

　一般の参加者を見下すような態度も注意が必要です。そういった心は相手に自然に伝わります。相手の素朴な不安を否定していないかということも気を付ける必要があります。「それはどうしてもいやなんです。怖いんです」と、参加者から言われた際に、「それはあなたの勘違いですよ。科学的には安全ですよ」と上から目線で答えてしまうことは、対人コミュニケーションとしては失敗です。科学的に見たリスク（risk）と、認知されたリスク (perceived risk) は別のものだからです。

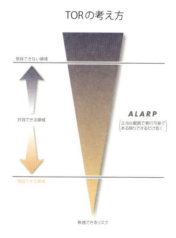

TORの考え方

5-5

科学者の「情熱」でも動かされる

💡 Point

話の分かりやすさは大切。人としての誠実さや情熱でも判断する

　人は目の前にいる科学者を信じるかどうかを、どのようなところで判断しているのでしょうか。10年ほど前、「科学者が科学を語る」という社会科学の実験を行いました。前著『リスクコミュニケーション』で詳しく書きましたが、遺伝子組み換え作物について、3人の、20代の大学院生から50代の研究者まで、年齢もバックグラウンドも違う研究者に、小学生の父母から、消費者団体に関わっている人など、様々な背景を持つ参加者グループに安全性について説明するというものです。

　消費者団体を対象にしたグループでは、科学者の話の後に「あなたはもう一度この人の話を聞きたいですか」と聞くと、3人のうち1人だけ、他の2人よりも聞きたいと答える数が明らかに低い人がいました。研究者でした。なぜかを調べると、発表が難しかったのです。話の中では細かい字の化学式も多く出てきて、15分の説明のところ、スライドを50枚以上用意されていました。

　それに対し、好感度が高かったのは、大学院生でした。スライドは文字が少なくイラストも分かりやすいし、声も通ります。「これはどれが正解でしょう？　手を上げてください」と、クイズ形式を取っていて、会場と一体感を作ることが上手でした。彼の安全性に

関する話には少し飛躍がありましたが、参加者の印象はよかったのです。なぜかと聞くと、発表が分かりやすかったこと以外に、「僕は飢餓を救いたいから、遺伝子組み換え作物を途上国で作ることを目指している」と語りかけ、遺伝子組み換え作物に懐疑的な参加者が多かった中で、「学生さんの使命感に感動した」と多くが心を動かされたのです。

「ちょっと皆の前で聞けないことを、ランチの時間に横に座った時にいろいろ聞けて良かった」と、科学者の「知識」ではなく、科学者の「姿勢や態度」に対する共感が好感度を上げていることにも気づきました。

　これらから分かることは、人は相手の持つ知識だけではなく、姿勢や誠実さ、情熱にも感情を揺さぶられるのです。これらが信頼を得る大きな要素ということでしょう。もちろん、これはその瞬間の話で、冷静になると「違うよね」と思ってしまうかもしれません。ただ、こういった実験をすると、人の直観（システム1）が、安全性への信頼でも大きな作用をしていることが分かります。

　リスクコミュニケーションは対人スキルです。相手に心を開き、耳を傾けるという基本的な人との接し方、平たく言えば、人間力が試されます。

6章
企業とリスクコミュニケーション

6-1

「安心宣言」しても手綱は企業にはない

💡Point

「危険」か「安全」は社会が決める時代。企業と消費者の「認知」や「意識」のずれがクレームや不満を生む

　リスクは、時代とともに変わります。企業は時代とともに変わる消費者とも目線を合わせないといけません。今社会で起きている問題で多いものは、企業と消費者間の「リスク認知」や「意識」のずれが原因で、それがユーザーのクレームや不満を生んでいます。

　2000年後半からリスクの情報提供相手が、取引先や株主という直接の「利害関係者」、テレビや新聞といった報道機関から、消費者団体、一般消費者、ネットの先にいる不特定多数の匿名の相手までステークホルダーの広がりを見せるようになりました。ですから、従来のお客様センターなど、相手の顔が見えやすい人対人のコミュニケーション方法では対応しづらくなってきました。

　ここ数年、匿名で顔の見えない相手に対する対応を間違えると、ネットで「炎上」し、炎上したものが既存のメディアに取り上げられるというパターンが出来上がりつつあります。

　「食べ物への異物混入は絶対ゼロが前提」。そう消費者は思っても、企業ではどう努力してもゼロにできないものがあります。食品企業が困っているのは、安全以上を求める消費者に対応しないといけないからです。日本での顧客対応の難しさは、客観的な「安全」だけではなく、主観的な「安心」に応えないといけないことです。潔癖

6章｜企業とリスクコミュニケーション

主義から来るような過剰な品質要求に対応しないと、時には「納得いかない」と拳を上げたお客様がSNSに投稿してしまいます。

でもこれは、企業自身が「安全・安心」をスローガンとして前面に出し、過剰要求をしてくるお客様や「世間」の不満を助長してきたツケとも言えます。高品質である製品を「完璧」にするとなると、多大なコストがかかってきます。そのコストを誰が費用負担するかを決めないまま、世間が企業に「安心」を求めるのは厄介です。そのコストは、お客様のコストに転嫁されているからです。

「安心」か「不安」かは社会が決めています。今の時代、「安全だ」と一方的に言い切って社会を納得させられる手綱は企業にはすでにないことを前提に、社会と関わることが大切です。

6-2

「安心」マーケティングのコスト

💡 Point

ネガティブマーケティングや先回りの対応でリスクを隠してしまっている

　企業と社会のリスク意識のずれは、企業が「ずれ」を放置したり、積極的にネガティブマーケティングに使っていたことにも起因します。

　日本の表示制度では、遺伝子組み換え（GM）原料の混入が5％以下であれば、「遺伝子組み換えなし」と表示してよいというルールがあります（2018年現在、ルールの改訂が検討されている）。ですから、納豆や豆腐には「遺伝子組み換えではありません」と書かれているのです。でも、たいていは少しのGM原料が混入しています。企業は、「ゼロ」表示を消費者が好むことから、遺伝子組み換えや保存料などで「○○ゼロ」という表示をネガティブマーケティングとして多用し、安心できないものをゼロにすることが可能との幻想を抱かせてしまっています。

　本来はお客様に「この企業は誠実にやっているから安心」という信頼があるからこそ、安心してもらえるのですが、「安全・安心」を前面に出し、お客様の願望に迎合しているのが「安心」マーケティングです。

　日本で頻繁に行われる食品自主回収が典型です。食べても安全である商品を、世間を騒がせて「ごめんなさい」と回収してしまいま

6章｜企業とリスクコミュニケーション

す。メディアに叩かれて企業イメージを損ないたくないために、先回りして回収してしまうのです。

　お客様に説明するコミュニケーションは面倒なので、回収してしまうことで、リスクコミュニケーションの放棄が起きています。

　その結果、日本の食品企業の、安全には問題のない「自主回収」が、例えば欧州と比べた場合、多くなってしまうのです。2007年には、日本では表示ミスによる自主回収件数が、ドイツとフランス2カ国の約2年分の食品回収件数よりも多かったのです。

　ヨーロッパでは、アレルギー物質の混入など、明らかな健康危害を与える物ではない限り回収はしません。

　企業がこうやって本来のリスクを見えなくしてしまうので、消費者はいつまで経っても「ゼロ」を求めます。

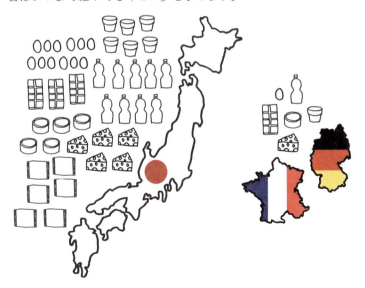

6-3

企業と社会のずれを認識する

💡 Point

リスクファインディング、リスクアセスメントで企業と社会のずれを早期に認識する

　この本の一番最初にご紹介した「リスク分析」では、人やモノ、情報などの多様な要素を洞察し、様々なソースからの知識や知見を分析します。その要素であるリスクコミュニケーションは、会社の窓口を外に開き、外の視点を入れることです。現場の声を早期にすくい上げ、経営に生かしていくことでもあります。会社の組織や製品、サービスについてのネガティブ情報は、簡単には経営部門まで上がってきません。しかし、いったん社会の問題と認識されると、あっという間に火がついてしまいます。ですから、どこにユーザーの本音や不安、不満があるのかを早期に拾い上げる仕組みが必要になってきます。

　不満が炎上しやすい社会では、相手がどういう感覚を持っているかをごく早い段階で認知するしかありません。これを早期の「リスクファインディング」と言います。または、ある新規の技術を社会に投入する前の「プレTA、技術アセスメント」(PreTA, Technology Assessment) とも呼ばれます。メディアやネットにある2次情報を分析することは大切ですが、2次情報は直接の声にはかないません。本当に重要な情報は生の声や本音で、それを集めるには外の声を「聞く・聴くこと」から始めます。これらを早い段階から行わな

6章｜企業とリスクコミュニケーション

いと、対応が遅れます。

「うちの製品はこれだけ素晴らしいのです」「これだけ社会に、あなたに貢献しています」という広告を打つことは、「攻め」のコミュニケーションです。他方、どういう感覚が社会にあるのか、どういうふうに社会が変化しているのか、誰が何を思っているのかという、守りのコミュニケーションを行うのが、リスクコミュニケーションの神髄なのです。

しかし、リスクコミュニケーションはなかなか理解されません。問題を起こした後の莫大な費用と労力のかかる「謝罪会見」「謝罪広告」よりも、「守り」のコミュニケーションという、いわば「少しの保険」をかけることで会社を守れるのですが、それをする経営者は少ないのが現状です。

コミュニケーションは文化です。文化は長い年月とともに作り上げられるものですから、そう簡単に変えられません。だからこそ、企業文化を意識して変えていくことが、長い目で見れば会社を守ります。

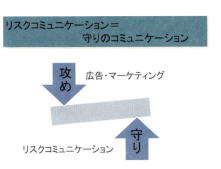

6-4

重いフットワーク、現場とのかい離

💡 Point

リスク感度がよい会社は「まめ」

　リスク管理に失敗した会社は、往々にして外とのつながりが希薄だったり、外部からの情報が入りにくい会社です。現場を軽視し、現場からの忠告や報告に耳を傾けることは得意ではありません。「わが社の常識、世間の非常識」という言葉がある通り、社会からの信頼を損ねがちです。対照的に、大きなリスクの芽を持っていても上手に対処している会社は、社内の風通しがよく、社員がまめに外に足を運び、それを高く評価している会社でしょう。経営陣が現場や社外の声を吸い上げるための仕組みもあり、対応も迅速です。

　リスク分析では「まめ」というのが大切です。早期にリスクの芽を発見するための情報を集めることが鍵だからです。関連する分野で、どんなことが「問題かもしれない」と議論が始まっているのか、海外の学会では何がホットなテーマか、国内や海外の規制当局はどう動きだしているのか。「まめ」に足を運び、感度の良いアンテナを張らなければ、情報としては上がってきません。こういった小さなエビデンスが積みあがってくると、どこに経営リスクの火種があるのかが顕在化します。足を運び、外との関係作りをしていく中で、情報が入り、そして時に敵対しがちな記者や消費者団体とも、信頼関係ができてくるのです。

6章｜企業とリスクコミュニケーション

　現場の声は貴重です。急速なグローバル化の時代、海外も含めて多方面に問い合わせないと、相対的に判断できる量の情報として入ってはきません。インターネットでは誰でも手に入る二次情報がたくさんありますが、貴重な一次情報は、個人レベルで問い合わせないと入ってこないことがほとんどです。これには普段からのネットワークや語学力が必須です。ただ、そうやって入ってくる情報は、会社の売り上げのように「数字」になりません。分析もしにくいですし、「本当？」と思われてしまうこともあります。また、人の感情や感覚を集める作業ですから、骨が折れ、時間もかかります。だから「面倒」です。「関係ないところに顔を出す時間はないぞ」「遊んでないで、仕事をしろ」。リスクファインディングの本質が理解されていない典型です。

　リスクファインディングやプレTAに時間とコストをかけているリスク感度のよい会社は、短期的には会社の売り上げに反映されない地道な「社外活動」を重視しているところです。リスクファインディングができる社内文化を意識し、作っていくことが肝心です。

# 6-5

社員による食品への農薬混入事件から

💡 Point

平時に準備していないと緊急時にできない

企業のリスク対応について具体的な例で考えていきましょう。

2013年の暮れに起きた大手マルハニチロの子会社アクリフーズ群馬工場での農薬混入事件では、会社の待遇に不満を持った契約社員が製造している冷凍食品に農薬「マラチオン」を意図的に混入、それが消費者の手に渡り、大きな騒ぎとなりました。事故ではなく「事件」だったとはいえ、様々な対応の甘さが露呈しました。

最初の問題点は、初動です。会社はリスク評価の最初のステップであるハザードの同定（特定）を間違いました。すでに11月の半ばに、全国各地の消費者から、ピザやフライ製品に、「石油のようなにおいがする」と10件もの問い合わせが来ていました。しかし、会社側は工場のペンキを塗りなおしていたので、それが混じったのかもしれないと勘違いし、製造過程では存在しえない農薬の「マラチオン」が問題と判断したのが1カ月以上も経った12月末でした。

リスク判断も間違いました。リスクを過小評価する判断ミスをし、誤発表したのです。農薬が問題物質と判明後、すぐに記者会見を開いて発表しましたが、発表を誤りました。当初「一度にコロッケ60個食べると症状が出る程度」と発表しましたが、厚生労働省から間違いを指摘され、2日後の記者会見では「コロッケ8分の1

個で吐き気を生じる」と訂正。急性毒性の指標となる急性参照容量（ARfD）を用いるべきところを、誤って半数致死量や1日許容摂取量（ADI）で説明してしまったのです。メディアのインタビューには、「恥ずかしい話だが、急性参照用量という考え方を知らなかった」ということでした（毎日新聞 2014年1月30日付）。平時からケースごとにどのような毒性の考え方を適用するかを、緊急時に備え訓練しておく必要がありました。健康に関わる場合、「安全側に立って考える」ためには過小評価は厳禁です。

さらにミスが目立ちます。1回目の記者会見の後に、全国紙に該当する製品名を公表しました。しかし、スーパーやコンビニのPB（プライベートブランド）で作られているものが多く、実際の製造者名が出てきません。消費者はどれが該当するか、写真がなかったので分かりにくかったのです。

写真入りの告知を再度全国紙に掲載するのが、結局10日ほど遅れてしまったのです。

出所：https://www.maruha-nichiro.co.jp/news_center/aqli/files/20140108_list.pdf

6-6

「監視カメラ」は解ではない

Point

事故や事件を水に流さず、問題の本質を見極めることが大切

　異物混入事件は犯人が逮捕されて幕引きとなりました。事件を検証した第三者委員会は、この事件の大きな問題はガバナンス（統治）文化や社内コミュニケーションの問題が重要だったと指摘しました。
「工場のマネジメントが対話に興味がなくて、異変をキャッチすることができなかった。それどころか工場に入ったこともなかった。工場では実際に前々からおかしいことが起きていた。トイレにいたずら書きがされていたり、ピザに爪楊枝が入っていたり、多くの異変があったにもかかわらず、キャッチできなかった」

　アクリフーズは会社の雰囲気も和気藹々としていて、社風は良い会社と聞きます。でも、社員と非正規雇用に対する処遇の違いなど、不満が蓄積されていったとも言われます。そうした兆候があるのに、マネジメントの方で初期に対応することができなかったのです。リスクファインディングがおろそかだったということでしょう。

　残念なのは、この事件が報道されると、監視カメラを大量に設置するべきと、分かりやすい解をメディアが書き立て、それを「おたくの会社は何台設置しましたか？」と尋ね、その設置がない会社はダメと、食品企業に圧力をかけました。

6章｜企業とリスクコミュニケーション

「監視カメラがなかったのでああいう悪さが起きたというのは、事件の真相を歪めてしまう。悪事を働こうとすれば、どうやっても隠せる。第一、社員は自分たちの仲間なのにそれを疑うというのはおかしい」。食品のプロが口々に言います。「悪事を働こうとすれば工場に隠して持ち込むことはできる」。外資の食品メーカーの担当者も「アメリカでも"従業員ファースト"でやっています。欧州の本部も監視カメラなんて必要ない、という方針です。なんで日本だけが逆行するのですか。監視カメラは工場内部の犯人に有効ではない」、そういぶかります。

　こういった報道の問題は、「監視カメラで社員の悪さが抑止できる」というイメージが暴走し、「あなたの会社はどれ位カメラを付けているのですか」という社会の空気や圧力が、社員がマネジメントと対話できる雰囲気作りをダメにしてしまいます。本筋ではないところで社会の注目が大きくなってしまうと、本質的なガバナンスの改善が後回しにされてしまうのです。監視カメラを付ければ安心といった「イメージ」による社会の要求が、「安心社会」の加速に加担していると感じます。現実問題、大手であれば財力がありますが、中小の会社にも「監視カメラを」となると、相当の費用負担になってしまいます。

　事件や事故を水に流さず、問題の本質を検証することが、再発防止につながっていくのです。

7章
住民とのコミュニケーション（平時）

7-1

原子力をめぐる対話は何を求めたか

💡 Point

リスク議論がこう着した場合、一歩下がってお互いのイメージや知識のギャップを確認する平場での対話が大切

　リスク議論が混乱し不信感がある場合、一方通行の説明では説明される側は納得しません。相手が理解し、腑に落ちるには、利害関係者が参加する双方向型、参加型の対話が鍵になります。参加型とはリスクコミュニケーションの一つの形で、参加型、討議型のコミュニケーションとも呼ばれます。

　今、日本で混乱し続けているリスク議論のひとつは、2011年の福島における原子力発電所の事故から広がった原子力発電利用の是非でしょう。この章では、リスクマネジメントの一つの形である参加型リスクコミュニケーションは混乱した議論にどう機能するかを、原子力発電をめぐる住民との対話実践を通して考えていきます。

　その一例として、主に静岡での対話実践をご紹介します。静岡県には、中部電力が保有する唯一の原発である浜岡原子力発電所が御前崎市にあり、5基の原子炉が設置されています。2011年5月6日に菅直人首相（当時）が浜岡原発のすべての原子炉の運転停止を要請することを表明。中部電力は当時運転中だった4号機と5号機の運転を停止し、停止中の3号機の運転再開の見送りを決定しました。1号機と2号機は廃炉予定ですでに停止状態で、これ以降、全基停止の状態で今に至っています。

7章｜住民とのコミュニケーション（平時）

　浜岡原発を巡っては、電気の自給、地球温暖化対策という点で、原子力発電の再開には事業者が積極的な一方、周辺自治体や農家は反対から慎重な態度を示しています。

　このような膠着状態では、原子力発電の賛成、反対という判断につながる議論ではなく、一歩下がった冷静な場を創り出し、情報共有したうえでお互いのもつ原子力発電のイメージや知識のギャップを埋め、お互いの思い込みや過信を補正するための対話を住民、事業者、研究者やメディアを含め進めることが一見遠回りですが、先に進む一歩です。

　そこで、私が代表を務めるリテラジャパンは2015年に静岡市内で、原発をテーマとした「電力・原子力・エネルギー：静岡ステークホルダー勉強会（SHD）」を企画しました。主として欧米諸国で発展、実践されている市民参加型がどう地域での議論の形成、進展に適用可能であるのかを探ったのです。

　この企画ではあくまでも原子力事業者は主催者ではなく、参加者の一員として議論に対等に参加し、原子力の説明会にありがちな、作り込みや、予定調和型の企画とは大きく一線を画し、現場感、対面、共有を重視しました。リスク議論が混迷し不信感がある場合、シナリオがあり、落とし所のある企画より、「やらせではない（リアリティーやライブ感）」という点が参加者から高く評価されます。

7-2

参加型リスクコミュニケーションの方法

💡 Point

> コミュニケーションは文化、社会土壌に馴染むかの検証が必要

　原子力発電での参加型対話の具体的な話に入る前に、参加型のリスクコミュニケーションについて整理していきましょう。参加型リスクコミュニケーションには、現在では30種類以上の方法があります。参加型の技術評価（Participatory TA、Technology Assessment）とも呼ばれ、専門家ではない市民が中心となって科学・技術にまつわる一つの問題を多面的に考える点が共通点です。

　代表的な方法の中で、フォーカスグループ（focus group）という方法をまずはご紹介します。5名程度の市民から構成され、あるテーマについてモデレーターを交えながら意見交換をする方法です。パネルは複数構成され、意見交換を通し市民の考えを拾い上げます。

　市民パネル（citizen panel）は、20名から30名ほどの市民から構成される市民パネルを2から10形成し、3日から4日にわたって専門家の意見を聞き、議論した上で最終日に市民パネルとしての報告書をまとめる形です。ドイツで1970年代から発達し、ごみ処理計画や都市計画などに用いられてきた方法 Plannungszelle（プラヌングスツェレ）とほぼ同様の形です。

　市民陪審員（citizens jury）は市民パネルと似通っていますが、

10名から20名の構成員から成るパネルの数は一つです。どちらも参加者を無作為抽出で選ぶ、議論は必ずしも公開という訳ではないところが特徴です。

コンセンサス会議（consensus conference）は、無作為抽出などで選ばれた一般からなる市民パネルが、問題とするテーマに関して、複数の専門家からの説明を聞いた上で討論を行い、その科学技術に関する合意を構成していくという方式の会議です。

標準型「デンマーク型コンセンサス会議」では、本会議の前に約3カ月の準備期間があり、週末に行われる2回の準備会合の後、3～4日にわたって本会議が行われます。運営方法は、専門家の選定、専門家に対する質問内容の決定、最終報告書の作成などを市民パネルが行うのが通例とされています。会議では、モデレーター（司会者）が議論の進行を行いますが、あくまでも市民パネルが主体となって合意を形成します。こうした方法は1980年代後半にデンマークで発展し、英国やドイツ、欧州各国、オーストラリア、韓国などで応用されています。ドイツでは、2000年代前半に、人の遺伝子診断とヒト幹細胞研究がテーマで2つの大きなコンセンサス会議が行われました。

日本では2000年に遺伝子組み換え作物についてコンセンサス会議が行われました。この会議は行政が関わった初の事例として注目されました。ただ、会議の結果をどのように扱うのか、現実の政治や日本的な文化の中でどのように位置づけるのかは課題として残りました。

参加型の方法がどのように受容されるかは、実施される国や地域の文化や慣習に大きく依存するからです。

7-3

静岡ステークホルダー勉強会とは

💡 Point

共有をし、方向性を共にした「一時的なコミュニティー」を造る

さて、静岡での実践に話を戻しましょう。「電力・原子力・エネルギー：静岡ステークホルダー勉強会（SHD）」は 2015 年 4 月から 7 月にわたり、全 3 回、静岡市内で行われました。主催は電気新聞、リテラジャパンが企画・運営を担当しました。

SHD は「コンセンサス会議」の方法をなぞり、2 回の準備会議、最後の本会議を設定。一般市民 30 名ほどが専門家と対等な立場から科学的な議論をし、互いがもつイメージと知識のギャップを確認することを目指しました。

準備会議では、専門家の講演を聞いた後、一般市民がグループに分かれて討論をした上で、グループごとに発表します。本会議では、準備会議に参加した一般市民の中から数名の代表者を選び、専門家も交えて円卓で議論をしてもらいました。筆者はリスクの考え方についての簡単な考えを紹介するプレゼンを行った上で、モデレーターを請け負いました。なお、市民参加者の募集は、あえて一般公募は行いませんでした。原発問題がすでに政治の係争点になっており、この会議が政治的主張の場になりかねないおそれがあったためです。

参加者の選出方法を含め、この方法のメリットは小規模、という

7章｜住民とのコミュニケーション（平時）

ことでした。過去にドイツや日本で行われたコンセンサス会議は、多くの場合、数千万円という費用がかかり、行政の補助金などが必須ですが、SHDははるかに小規模です。近年では「サイエンスカフェ」や「サイエンストーク」のように、単独回ごとに誰でもが参加可能な双方向のコミュニケーションがありますが、ＳＨＤはメンバーを固定し複数回開催する点で異なります。リスク議論がこじれている地域で、感情から切り離した冷静な議論の場を人工的につくり、そこでリアリティーがある対話を試み、参加型の効果を測ってみたのです。

原子力関係の説明会は、事業者への糾弾大会のような、感情的な意見の対立の会になりがちです。そこで、一方通行ではなく、講師や参加者がお互いに理解し合うために複数の回をまたがる双方向のコミュニケーションを行い、対話の中で共通項を見出した上で、議論を共にする「一時的なコミュニティー」で、建設的な対話を目指したのです。

それには「場作り」がカギとなりました。参加者がかもし出す「空気感」や「雰囲気」が率直な対話ができるかを左右していきます。

SHDの流れ

7-4

主体的に情報を取りに行く

Point

自分の頭で考えながら納得していくというプロセスが大切。参加型コミュニケーションは「体験型リスクリテラシー」の創造の場

　静岡でのSHDでの2回の準備会議は2カ月にわたって開催され、グループワークから、市民の視点で考えた際に、考えるべきテーマがそれぞれ浮き上がってきました。

　原発を巡るテーマの中でも、とりわけ原発に対する「論理と感情」という側面は、1回目の準備会議での大きな議論になりました。例えば「原発の安全対策については技術的には納得できる部分もあるが、なんとなく怖いという気持ちの問題もある。試しにグループ内で『北海道の稚内に原発ができたら困るか』を話し合ったところ、答えにくく難しい問題であると感じた」と市民のコメントにあるように、頭では分かるけれども、感情として腑に落ちない部分があると、グループ内の討論で気づいたことです。

　2回目の会合では、市民自らが勉強して議論する意義、という話が出てきました。「何を信用するかを判断するには、たくさんの情報をテーブルの上に出して、それぞれの人が自分の頭で考えながら納得していくというプロセスがきわめて重要です。他人事ではなく自分のことだと思って考える風土を作ることが重要」との参加者のコメントにあるように、一面ではなく多方面から議論をすべきだということを、ブレーンストーミング的な議論のプロセスを通して市

民参加者が見つけ出していきました。さらに、「最適解」を選び続ける、という発想も出てきました。「絶対安全はありえないのだから、私たちは右か左かをどうしても選択をしなければなりません。その時に『確実な選択肢』はありえないのだから、『最適解』を見つけていくしかない」というコメントによく表れています。

このような議論の「結果」は、専門家が出すものとは変わりないかもしれません。ただ、それぞれが自分の頭で考えながら納得していくという「プロセス」が参加型の最大の強みです。こうやって現実のテーマを前にグループワークすることで、他の参加者との対話の中で自分の思い込みやイメージを修正したり、発見することができるのです。リスクを読み解く「リスクリテラシー」の体験型版とも言えます。参加型のさらなる利点は、立場や意見が異なっても、参加者の中でいくつかの「共通項」を見つけることができてきます。それが問題を「自分たち事」に、つまり責務の共有という意識の転換につながっていくことができることです。

7-5

ステークホルダー勉強会を行った意義

💡 Point

「自分たち事」にするために対話型は有効

　2015年7月には、静岡SHDの最終過程である本会議を開催しました。市民参加者の発言から、市民もリテラシーを持たないとならないという問題意識が確認できました。例えば、「リスクというものに対して、私たちはそれを自分のこととして捉える感性が乏しいのではないか。こうした議論を通して、自分の考えたことをもとにいろいろな人と話し合いながら、共通点を確認して信頼関係を築くしかない」という発言にあります。

　市民の役割についても、もっと自覚を持つ必要があるとの発言もありました。例えば、「『責務』というと難しい言葉に思えるが、それは自分がどうやって振る舞っていくのか、自分がどう進んでいくのかをちゃんと考えることです。原発のような問題になると、『責務というのは難しい、分からない』と口を塞いでしまう。本当は自分たちが日常的に経験している事柄なのに逃げてしまう」と表現されています。

　信頼関係のあり方についても、率直な意見が出ました。例えば「原子力発電所の現場の人と顔を合わせて議論ができる車座集会は必要だ。そうした場で自分たちの思いを直接伝えるのは重要だ」という発言がありました。

7章｜住民とのコミュニケーション（平時）

　SHDの一番の成果は「日本人は議論下手」「原発の話がセンシティブな地域では冷静な対話ができない」という先入観を払しょくできたことです。さらに、会議に参加した専門家の「私たちが問題を設定するのではなく、皆さんから議論を出してもらい、それに対して答えるというふうにしないと信頼が生まれない」というコメントからも分かるように、専門家にも共感と意識の変化が生じたことも確認できました。これは、市民参加型マネジメントの先進国であるヨーロッパでの実践例と比較しても、大きな成果と考えています。「ステークホルダー勉強会」は原子力の分野では新しい試みです。重要な点は、「一方通行や予定調和的ではなく、かつ本音で語れる場をつくる」ということです。

　このような比較的小規模でのリアリティーを持った場が繰り返され、現在と将来の日本や地域でのエネルギー源をどうするかをともに考え、国民一人一人の「責務」を実感するための場として貢献することを期待します。

7-6

別の立地県での実践

💡 Point

小さな会で顔の見える関係を作り上げることが信頼に

　静岡での実践を踏まえ、2016年から2017年には今度は別の原発立地県でSHDを実践することになりました。主催は原子力発電事業者で、リテラジャパンは企画と運営を担当しました。市民パネルの構成員は経営者やメディア、主婦や大学生などの15名、各回に外部の講師が参加し、3回ともに筆者はモデレーターの役割を請け負いました。

　この実践で静岡のケースでは見られなかった特徴がありました。

　一つは、東日本大震災の教訓です。実施県は比較的震源地に近く、津波の影響を受けた参加者もいました。

　この対話には静岡より若い人が多く参加し、若い人ならではの視点も出されました。「小中学生の子供をもつ親として、参加してよかった。住民説明会に行くことがあるのだが、私たちのような年代はあまり会場に来ていない。興味をもっていないのか、忙しいのか、やっていることすら知らないのか。これからの世代、30代、40代の人はもっと興味をもった方がいい（30代男性）」。「東日本大震災の時に、友達から『やばいよ』というメールが来て、嘘のメールとかチェーンメールとかを他の人にも転送し、間違った情報を広めてしまった。3回の会合を通してたくさんの人が話してくれたが、自

7章｜住民とのコミュニケーション（平時）

分で理解できていると思えるのは2、3割。逆に2、3割知ることができたのが大きな収穫。大学に通っているので、「こういうことを言っていたよ」「こういうことがあるよ」などを友達に伝えていくことが、私の役目（20代女性）」「今日もたかだか10人ちょっとかもしれないが、そういう積み重ねというのが信用、信頼につながってくる」（20代男性）とのコメントにあるように、規模は小さくても参加型の会を実施することで、平時に、年齢も背景も違う住民が、顔が見え、一つのテーマを共有する「コミュニティー」を作ることのきっかけづくりになるのではと期待します。

　一部の賛成派や反対派によって作られたものは対話のためのコミュニティーではありません。原子力の利用へのYes、Noという結論を急ぐのではなく、「勇気をもって」一歩引いたところで平場での対話をすることが、真に対話のできるコミュニティーづくりの鍵になります。

　国際原子力機関（IAEA）でも、住民とのコミュニケーションの形は情報提供型の「コミュニケーション」からステークホルダーとともに解決策を考える「ステークホルダーの参加」に移りつつあります。原子力発電を始めようとする途上国でも参加型の対話についての関心が高く、世界の潮流になっていくと感じます。

8章
住民とのコミュニケーション（緊急時）

8-1

被害を受けた土地ではまず何をするか

💡 Point

耳を傾け、住民の置かれている状況を大まかに把握。アドリブで軌道修正を行う

本章では、2011年9月から半年、私が村からの依頼で携わった福島県飯舘村での経験を基に、緊急時を経て平時の状態に戻る際のコミュニケーションについて整理していきます。情報への不信などもあることが多く、より丁寧なやり方が求められます。

飯舘村は、原発からは30キロ以上離れている農村ですが、風向きで福島原発の水素爆発時に放射性物質が飛散し、事故から40日後に「計画的避難地域」に指定され、2カ月後に全村避難となった村です。村には事故前は6000人以上が家族で暮らしていましたが、放射線の影響を不安に思う若い世代が離れ、家族が離散しました。

飯舘村での活動の難しさは、放射線の影響について伝える方法や内容に準備がなかったということ、低線量被ばくの人体影響については専門家の間での論争が長年続いていることもあり、そのリスクの説明は混乱を極めました。

「国に(続けて住んでも)大丈夫だと言われて、後に計画的避難区域となったんですよ。心配するほどでもないと政府は言いますが、そのような言葉が信じられると思いますか?」。初めて避難先を訪問した際の住民の言葉です。

「放射線の話をすると場が白けるから、俺たちの飲み会の席ではも

8章 住民とのコミュニケーション（緊急時）

う話さない」。若い世代の話です。タブーのようなテーマになってしまったと言います。個人でも受け止め方が違うし、価値観や感じ方の違いは埋められないからです。

福島での放射線被ばくのリスクは国際機関も「無視してよいレベル」と結論付けており、他のリスクの陰に隠れてしまう程度としていました。しかし、事故の対応の悪さから、科学者や政府への不信感が強くあり、飯舘村住民の放射線影響の人体へのリスク認知を押し上げていました。

信頼が失われリスク論争が複雑化している場所では、まずは全体像を把握することが鍵です。リスクの話を発信することだけ、とリスクコミュニケーションの範囲を限定してしまうと、住民が本当は話したいことや知りたいことと、情報提供者のしたいことがずれてしまうのです。これが、住民の不満と不信感につながっていきます。現場では、常に軌道修正、「当意即妙」的なアドリブが要求されます。

出典：福島県ホームページより

8-2

聞き取りで全体像を描く

> 💡 Point
>
> 事前の聞き取りを丁寧に。全体像を把握し、何（What）をどうやって（How）情報提供するかが決まってくる

　コミュニケーションは文化です。ですからリスクについて話す場合でも、その土地に合った方法を実施する必要があります。さらに私が関わるようになった時点ですでに、飯舘村民には科学不信があり、マイナスの状態から始めるには、丁寧な事前調査が必要でした。

　そこで、実際に飯舘村の住民の話を聞くことをしました。放射線について何が気になっているか、どこから情報を得ているか、今の生活で何が困っているかなど、ざっくばらんに本音を話してもらったのです。2011年10月のことでした。協力してくれたのは、子供が小さい、妊婦という理由で早い時期に福島市内に避難した約250名が暮らす借り上げ団地の自治会。放射線の影響について最も関心が高い層ですから、そこでの「本音」を把握すれば、全体でのコミュニケーションの方法を練ることができます。対面聞き取りの結果を少しご紹介します。

　質問「放射線について何が不安ですか？」

　回答「放射線、眼に見えないところが気になる。あとでどんな症状が出てくるか、若い人たち、子どもたちが気になる」。「結婚できない、結婚しても子どもを作らないとか、そこまで子どもは考えている。5年後にがんにならないか、孫に子どもが産めるか、と考え

ると不安。甲状腺調査はみんな行った。結果はまだもらっていない。1カ月後くらいと言われている。それまでどうすればいいのか分からない。先生から説明もなかった」。

質問「安全情報はどこから得ていますか？」。回答「放射線の情報は民放から（NHKより分かりやすい）。パソコンで『飯舘村』で検索して、ニュースを見る。どの情報でも、半分半分で聞く。情報そのものに本当なの？　と思ってしまう」

質問「困っていることは？」回答「寝れない。目が覚める。２時、３時ごろに覚める。時間感覚がおかしくなっている。休む暇がない。子どもたちはかわいそう。朝早くにバスで学校に行って。広い一戸建てに住んでいたけど、２Kの部屋に入る家庭も」。

事故から半年過ぎた時点でも、信頼できる安全情報の提供が少なく、不安やストレスを感じている住民が多かったことが、約一日かけてのインタビューで分かりました。

多くの若い世代が子供たちへの放射線の影響を考え、「そんな簡単には村に帰れない」と冷静に判断していました。事故から半年も経過しているのであれば、情報が共有され、生活も安定してきていると思っていたのですが、私の思い込みに過ぎませんでした。こういった本音は、アンケートやメディアからの二次情報では入ってきません。足を運び、お会いし、インタビューという形で数時間を共に過ごすことが大切になるのです。

8-3

「放射線への疑問に答えます」で分かったこと

💡 Point

住民とのコミュニケーションは実践を通して分かることが多い。実践後の検証を行うことも大切

　直接に専門家と住民が話す環境を作らないと、リスク情報は正確には伝わらない。聞き取りから1カ月後の2011年10月、放射線防護の専門家と私の2名がペアを組み、少人数での説明会を実施することにしました。「放射線への疑問に答えます」説明会と名付け、参加者が専門家に質問しやすいような環境作りを試みた企画です。そこには20代から80代までの16名が参加してくれました。半数以上が10月にすでにお会いしている方々でしたので、和やかな雰囲気がありました。ゆるい「場」をデザインするために、円座になって座る、お茶菓子を出すなど、工夫もしました。

　専門家はパワーポイントの資料を使い、放射線の仕組み、発がんとの関係、内部被ばくと外部被ばくの違い、どちらを心配すべきなのか、自然界にもともと存在する放射線の説明まで及びました。説明後に講師への質問時間も設けました。

　3カ月後、対面で感想を聞くために、再び同じ団地の集会所を訪れました。そこでの年配のグループとお母さん方に分けた対面調査では、想像以上の答えが待っていました。実は説明会の内容では、参加者の期待には応えられていなかった、というものでした。

　年配のグループは、放射線についての説明よりも、村での生活基

8章｜住民とのコミュニケーション（緊急時）

盤が取り戻せるかどうかへの情報に関心があることが判明しました。他方、お母さんたちのグループは、放射線情報に関心が高かったのです。このグループでは、食べ物からの被ばくをコントロールできるのかという事に関しての情報への要望が強く、食べ物と放射性物質についての分かりやすい情報を提供する必要がありました。科学情報ではなく、「食べていいの？」「どれ位ならいいの？」という具体的な情報が欲しいのです。これまでの情報提供側は、ほとんどが「詳細かつ正確な情報を伝えること」に腐心していて、必要な情報が全くといっていいほど、伝わっていなかったのです。

　対面でのインタビューの重要性を再び感じ、同時に、本当に情報を欲しているお母さんたちに、食にまつわる対話型、体験型のコミュニケーションを行うと決めました。そして、2012年2月、インタビューに参加してくれたお母さんたちを中心に、福島で生活する上での食のリスクについて、対話型での少人数での勉強会を開催することにしたのです。

8-4

ターゲットを絞った「参加型」「体験型」勉強会

💡 Point

> 不安感、不信感がある場合、「ハンズオン」(体験学習)で、じっくりと。だけれども楽しく、相手の目線で

　お母さんたちを対象とする勉強会への参加を増やすために、まずは実施する時間帯を工夫しました。そこで、子供が学校から帰ってくる前の2時半くらいまでの2時間にしました。参加してくれたのは4名。初対面の人が2名です。幼稚園から小学生の子供を持つ、20代後半から30代のお母さんでした。もうひとつの工夫は、視覚的に「リアリティーを持って」リスクの大きさを感じてもらうこと。ですから、五感で感じてもらうために、現物を使うことにしました。

　この勉強会を行うまでには、お母さん達とは何回か顔を合わせていたので、「当日は牛乳とバナナを用意しておいてね」と電話で頼めるような間柄になっていました。雑談したり、冗談の言える間柄になるまでは少し時間がかかりましたが、そうでないと相手が本当に何を思っているのかは聞き出せません。積極的な参加によって、「支持」「共感」が得られ、自分たちで考えようという「自分達」意識ができやすいことも分かっています。一方通行型で受け身の説明会では、情報は右から左と抜けていってしまいがちだからです。

　最後のポイントは、「楽しく」というところです。学校ではないので、学ぶというより、楽しみながら自然に覚える、という感覚が出てくることも肝心です。

8章｜住民とのコミュニケーション（緊急時）

　勉強会では何が日常生活で不安か、何が聞きたいか、それぞれにまずはざっくばらんに言ってもらいました。
「めざしって簡単に焼けるので子供にあげているんだけど大丈夫？」「わかめは汚染されていない？」「なんで福島名産の魚が売っていないの？」。答えられる範囲で簡単に答えました。

　次に、10月に実施した専門家を交えた説明会で、何が分からなかったかを思い出してもらいました。すると、メモをめくりながら、「正直難しかったのであまり覚えていません。（カリウム40が多い）バナナは子供に食べさせないということかな」と、冗談交じりでお母さんが言い出します。説明会で熱心に質問していたお母さんもメモをめくりながら、「何だか忘れちゃった」と答えていました。

　毎日が慌ただしく、仮の住まいで非日常の中での生活です。何度も相手には説明していると思わず、一から話すくらいが丁度よいのです。こういったことも伝える側は知っておく必要があります。

8-5

リスクを見せる、比べる

💡 Point

> リスクの大きさが分かるよう、身近なリスクと比べる。信頼できる客観的データを見せ、分かりやすい自分の言葉で解説を加えること

このように一通りお母さんの疑問や考えていることを把握した後、「食べ物の話：放射性物質との付き合い方」と、説明を開始しました。あえて、放射線のリスクの説明から始めず、発がんとは何か、コーヒーやポテトフライ、わらびやこげ、ひじきなど、身近な食品にはどういった発がん性があるかを説明しました。

そこから、もともと多くの食べ物に含まれている天然の放射性物質のカリウム40との比較について話を展開しました。日本の基準値がどのように計算されているか、海外の基準値とも比較していったのです。また、基準値を超えたものを食べた場合のリスクもそのリスクの大きさが分かるように、バナナに含まれるカリウム40との比較をすることにしました。

特に気をつけた点は、カリウム40も福島原発から放出されたセシウムも体への影響には違いがないことを説明したうえで、リスクの大きさを見える化したことです。実際に食材を並べ、ポテトチップス1袋には実に20から30ベクレルが含まれていますよ。バナナ1本も20ベクレル位ですよ、牛乳1リットルは50ベクレルですよ、目の前にある缶ビール500ミリリットルだと5ベクレルですよ、と食品や食材を指しながら、参加者が実際にイメージしやすいよう

8章｜住民とのコミュニケーション（緊急時）

に、しかも文部科学省のデータを用いて正確に説明していったのです。10グラムの干しシイタケだとこれ位、10グラムの干し昆布は味噌汁の出汁に使う時に使う1枚くらいですよと、家庭で自分たちが料理している時に使う量と一致しやすいように心がけました。

　引き続き、福島の家庭での食事にはどれだけの放射性物質が含まれているか、その調査結果（下記グラフ参照）を信頼の高い生協という第三者のデータで説明しました。福島や全国で実施されている食卓に含まれる放射性物質の測定調査、いわゆる「食卓丸ごと調査」（陰膳検査）の結果です。コープふくしまの検査で検出されたのは圧倒的にカリウム40で、セシウムはほとんど検出されず、県内産でも安心してよいこと。ただし、セシウムが検出された家庭では、市場に出回っておらず検査からすり抜けている自家栽培の野菜や、野生の山菜などを食べていたため、それらに気をつけるようにと説明しました。もちろん、例えそれを食べたとしてもカリウム40と比べた場合、大きなリスクではないことを付け加えました。信頼できるデータを見せることと、分かりやすく相手の目線で解説することが大切です。

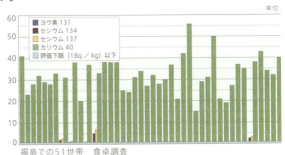

福島での51世帯　食卓調査

出典:リテラジャパン『リスクコミュニケーションハンドブック』より

8-6

具体的に話すこと

💡 Point

全体リスクを見渡せるような話をすることで、参加者にも「鳥の目」を持ってもらう

　セシウムのリスクは、他のものと比べることで伝えやすくなりました。「コメや肉、野菜など様々な食品に放射性物質のカリウム40が含まれています」という説明には、「そうなの！」「初耳」と返ってきました。特にポテトチップスに入っているカリウム40の話は分かりやすかったようで、「弟がすごく好きで、毎日3袋は食べているから、それで○○ベクレルだわ」とびっくりした声が聞こえました。

　ひとまずセシウムについては過度な心配をする必要がないことを話した後、自分と家族の健康を守るにはどうしたらいいのか、自分たちで判断してもらうための話をしました。

　まずは、日常生活での発がん要因を減らすためには、喫煙、多量飲酒、野菜不足や肉の食べすぎ、運動不足の解消が大切だと話しました。日本には毎日お酒を3合以上飲む人が600万人、5合以上が200万人いると言われ、国立がん研究センターによると、お酒を毎日3合以上飲む人や喫煙者は2000ミリシーベルトの瞬間被ばくを浴びた場合と同程度のリスクであると説明しています。（右図参照）「うーん、自分はビールを毎晩2缶だけだからセーフ？」。リスクの比較の説明は具体的で理解がしやすかったようです。

8章 | 住民とのコミュニケーション（緊急時）

「ひじきには発がん因子である無機ヒ素が多く含まれていて、英国などでは販売が禁止されていますよ」という説明には、「ひじきは体にいいって聞くからたくさん食べているんだけど、どうしたらいいのですか？」という反応。「魚を食べるリスクを怖がって魚を食べないとなると、魚に多く含まれるEPA、DHAという有益な栄養素を摂取しないことになってしまうのです」という説明には、「魚は体にいいって聞くもんね」という反応が。「水道水の方が安全基準は厳しいから、PETボトル入りのお水がより安全ということはないのですよ」という説明には、「なんだ。じゃあ、お金もかかるから、もう水道水にするか」という反応が返ってきました。

最後には、健康のためには一つのリスクだけを深堀りして考えすぎず、食事全体のバランスが大切になってくるとの説明をし、食品の栄養成分表を見せました。「わあー、懐かしい」「家庭科の授業で見た以来だよね」という声が返ってきました。身近な食品や栄養の観点から話すと、一つのリスクを怖がらず俯瞰して見ることができたのです。

飯館村の経験では、専門家への不信感があり、リスコミが混乱している場合には相手に寄り添い、相手視点でのコミュニケーションが大切だと、身をもって体験しました。

放射線被ばくと日常生活に起因する発がん因子の比較	
100ミリシーベルト以下	：検証が難しい
100から200ミリシーベルト	：野菜不足や受動喫煙
200から500ミリシーベルト	：運動不足、やせ、肥満、塩分の取りすぎ
1000から2000ミリシーベルト	：酒毎日2合以上
2000ミリシーベルト以上	：酒毎日3合以上、喫煙者 （清酒1合はビール中瓶1本、焼酎35度80ml、ウィスキーダブル1杯、ワイン2杯）

出典：リテラジャパン『リスクコミュニケーションハンドブック』より

9章
リスクコミュニケーションの改善に向けて

9-1

「相手は自分と違う人」からスタート

Point

> コミュニケーションを甘く見ない。「相手は同じようには考えたり感じたりはしない」という地点に立ち返る

「伝わるように伝えることは案外難しい」。

「はじめに」で書いたように、相手に伝わらないのは、相手は自分ではないからです。普段の生活の中で、お互いがそもそも違う、自分とは同じではない、ということを忘れてしまいがちです。相手は自分と同じように感じたり考えたり知識を持っていると思い込まず、「相手は自分と違う人」という地点から再スタートすることがリスクコミュニケーションの改善につながっていく第一歩だと考えます。

自分とは違う相手が知りたいことを分かりやすくタイムリー、かつ正確に出すというのは簡単そうで、難しいことです。

さらに難しいのは、日本では2011年に福島での原発事故が起き、政府や科学側の信頼が落ちました。ツイッターやLINEといったSNSユーザーが広がりを見せ、誰でもが発信できる時代に移行したからです。「安全です」という、一方通行の発信では共感は得られません。ここ10年で、情報を発信する科学者、企業や行政側が「安全」か「危険」かを決める時代から、消費者や社会側にその決定の手綱がよりシフトしたのです。だからこそ、科学や技術が社会にどう受け止められるかの「プレアセスメント」(Pre-assessment)

9章｜リスクコミュニケーションの改善に向けて

がより重要になってきたと同時に、相手が「勝手に」腑に落ちてもらい行動を変えてもらう情報提供＝リスクコミュニケーションが必須になりました。

　相手に伝わらないのであれば、伝える自分の側に、先入観や伝える方法が間違っていないかを振り返ってみないとならないのです。相手とのずれが認識されていないと、相手が自分を理解できないから悪いのだ、と相手を責め、無理やり説得を試みたりと、逆に不信感を生む「不幸なコミュニケーション」につながっていきます。人は伝える側に誠実さ、正直さ、公平さを求めます。それが信頼を作っていきます。いったん壊れた信頼の回復には膨大な時間がかかりますし、大抵の場合、信頼は戻りません。

　このような不幸な状況のスパイラルに入り込まないために、コミュニケーションを甘く見ないことです。原点に返り、私とあなたは違う人。そこからスタートしたいものです。

9-2

ナッジでの方向づけ

💡 Point

少し押してあげることで迷わないようにする

2章で書いたよう、人は直観と論理でリスクを判断します。しかし、人はより直感で判断するので、適切な判断ができない場合が多いのです。そして、伝わるものは論理や数字より、単純で分かりやすいもの。このように、だんだんと分かってきた人の脳の「クセ」を利用し、適切な方向へ行動変容させるお手伝いをする考え方が出てきました。それが「ナッジ」です。

近年、行動経済学の分野で「ナッジ」という考え方が欧米で広まり、食や健康におけるリスク管理で注目されています。代表的な本に、ノーベル経済学賞受賞者のリチャード・セイラーとキャス・サンスティーンの著書"Nudge（ナッジ）"（和訳は『実践 行動経済学』）"があります。

ナッジというのは「少しひじで押す」というニュアンスがある言葉です。消費者の「自由選択」というものは必ずしも「最適な選択」にはならないという行動経済学の観察にも基づいていて、適切な消費行動を導くために、消費者への情報提供を「設計する」という概念です。本能（感情）で考えがちな人の判断に、論理で補正する際に、少し論理側に傾くように誘導していきます。これからの時代には選択をデザインする人が必要という考え方です。

具体的な例はどうでしょう？　途上国への募金金額を増やすために、貧困にあえぐ子供がどれだけ多いかという数字ではなく、「あなたのコーヒー代がこの子を救えるのです」といったように、女の子の顔のクローズアップ写真を使って訴える。食堂での食べ過ぎを防ぐために、お皿のサイズを小さくする。お酒を入れるグラスの大きさを一回り小さくする。「臓器提供をする」が標準となるよう臓器提供の意思表示方法を工夫すること。「あなたの周りはもうほとんどがそうしていますよ」と、同調効果に訴えかけることで納税や省エネを促進する伝え方など、ちょっとした仕掛けで効果が大きい実践が報告されています。

　ナッジは「万能」ではないですが、安全情報の混乱の中に埋もれないためには有効です。必要と判断した際には、その判断の責任を負ったうえで、情動的情報によって有効にリスクコミュニケーションを図っていくことと言い換えられます。

　リテラシーを向上させることで行動の変化をもたらすことには限界があります。この事実を受け止め、ちょっとした「ひと工夫」で相手の行動の変容を促すというこの考え方は、使い方によっては有効と言えるでしょう。

9-3

対話のデザインが大切

> 💡 **Point**
>
> 対話ではどれだけ本音を引き出せるかが鍵。デザインが決め手

　リスクコミュニケーションは「社会技術」「スキル」「テクニック」です。技術には、設計やデザインが必要になります。直観が支配するシステム1により訴えかける方法が有効でしょう。「短く」「イメージがわくように」「明快に」「ポイントを絞って」などが鍵になります。

　対集団のコミュニケーションの場合でもデザインが重要です。複雑なリスク議論の場合、議論がこじれた場合、対話を重視するリスクコミュニケーションがより有効になってきます。7章や8章でご紹介したように、対話の「場」をデザインし、どれだけ参加者から本音を引き出せるかということが勝負どころです。対話型のコミュニケーションでは、そこで醸成される空気感が鍵です。それが、「よし、自分たちの問題としてやろう」となるか、「誰かがやればいいんじゃない」となるか。その場で決まるからです。

　「デザイン」という言葉は日本でやや誤解されていますが、決して華美な装飾を施すことではありません。多くの人が心地よく感じるように設計するということです。

　日本人は一般に議論下手と言いますが、それは思い込みです。確かに日本人は周りの空気を読み、察するコミュニケーションをしま

す。でも、欧米型の「説明しあう」コミュニケーションができないわけではないのです。ただそれには前提条件があり、空気を読まないでよい「場の設計」が必要です。本著で取り上げた平時での対話の例にあるように、真摯で内容のある対話への鍵は「場のデザイン」にあるのです。

従来型の「誰にでもオープンな」住民説明会だと日本では糾弾大会になりがちで、組織や地域からのしがらみが少ない年配の人の声が目立ちます。若い層など、サイレントマジョリティーの声が拾えないのは当然と言ってよいのです。効率は悪いですが、冷静に対話ができる場を設計することが肝心でしょう。

タテからよりフラットな社会へとの構造の変化が起きている時代、専門家への信頼が失われてしまった2011年の福島原発事故以降、社会とのコミュニケーションのあり方が変わってきています。誠実かつ同じ目線での対話をより意識し、その対話が行われる「場」をデザインするという考え方が不可欠です。

9-4

平時からのコミュニティーづくり

💡Point

お互いを知り、意見交換できる場を創造し、普段からのネットワーク作りを試みる

リスクコミュニケーションでは双方向性のある対話が大切と書いてきましたが、「対話」は、「会話」が主役の井戸端会議ではありません。対話には平時からの関係者との関係づくり、対話の「場」作りが肝心です。ここで、リテラジャパンが実際に行っているセミオープンな場での議論の土壌作りをご紹介します。実践的勉強会「場の議論」です。

「場の議論」は、リスクを顔の見える中で議論し、情報を共有する試みです。メディア、消費者団体、行政関係者を含む様々な利害関係者がインフォーマルに、本音で議論することで、それぞれの立場を踏まえながらも課題を共有し、お互いを理解しようとする方法です。フォーマルな場では、時間の制限などでなかなかお互いの意見を交わすことが出来ず、多くのキーパーソンがいるのにも関わらず、議論ができないという問題があることや、会議がオープンであることで、傍聴者や聴衆を気にして本音が言いにくいということもあります。毎回テーマを決めて勉強会を行い、関係者で問題意識を共有するという仕組みになっています。

最初の実践から13年が経ち、この勉強会の存在が認知され、様々な立場の人々が先入観を払拭し、信頼関係を築き始めるきっかけと

9章 | リスクコミュニケーションの改善に向けて

もなっていると感じています。学生も参加し、若い世代のリスクセンスを磨く機会として活用できるような仕組みとも呼べます。

　2016年には、福島事故当時の米国原子力規制委員会（NRC）日本派遣チーム代表のチャールズ・カスト氏を囲んだ会や、STAP細胞事件を取材した毎日新聞科学環境部の記者を招いて実施しました。2017年には薬とサプリメントによる健康被害、福島と風評被害、柔軟剤と香りなどをテーマにしました。2018年には自動車の自動運転、ゲノム編集など、最新の技術と社会とのインターフェースについてテーマを広げています。

9-5

メディアの「目利き力」を一緒に作る

Point

記者の目利き力を作るのは情報提供側の能力

　相手が知りたいことを速く正確に出すというのは、簡単そうで難しいことです。何か問題が生じたとき、相手が記者であるならば、A4一枚の「ポジションペーパー」に大きな文字で伝えたいことを整理して書く、事故を調査中でも「ホールディングステートメント」を出す（第一報を出す）、記者会見を記事の締め切りに間に合う時間帯で開く（編集の締め切り時間を知っておく）など、コツや作法があります。

　でも、普段からの記者との付き合いや、事が起きることを想定してのシミュレーションがないと、問題が起きてからではメディア対応は時遅しです。

　前項で触れた「場の議論」では、何も問題がない時から記者への情報提供のチャンネルを増やすという意図があります。企業はマスコミが相手だと聞くとしり込みしてしまうケースが多々ありますが、「メディア対策」という「守り」のスタンスから、「メディアコミュニケーション」というポジティブな方向に転換し、顔の見える関係を築くことが重要です。

　「メディアの記者が勉強不足だからいけない」ともよく聞かれますが、記事の締め切りに向け時間的なプレッシャーに追われる記者に

9章｜リスクコミュニケーションの改善に向けて

は、複数の情報源に詳細な情報を求め検証する時間的余裕はありません。専門記者が育たない日本のメディアの構造的欠陥を鑑みれば、メディア批判を行うことよりは、リスク情報取材の方法や情報を取材される側が主体的に提供する場、記者のトレーニングの場、情報収集の場、信頼関係を構築できる意見交換の場を積極的に作り、記者に「目利き力」を養ってもらうことが、より建設的でしょう。

原発事故が起きた際、首都圏と福島をつなぐ「つながるツアー」をリテラジャパンで企画し、2012年9月には、記者や研究者で福島を訪問、肉牛農家、果樹農家、そして放射線の検査施設を皆で回りました。

9-6

取材に応じる専門家が必要

Point

専門家が取材を断ることで正確にリスクが伝わらない

もうひとつリテラジャパンが行っている平時の情報提供は、新聞、雑誌、テレビの記者などに現場の生の声を届ける趣旨で、メディア向けに特化したセミナーである「記者ブリーフィング」です。

これまで国内と海外を合わせて10回近く実施してきました。テーマは、エコナ油のリスク、リスクとハザードの違い、携帯電話のリスクまで、食や健康の分野を扱っています。スイスのジュネーブでは、2015年から2回実施し、WHOの担当官などとも、様々なリスクについて国を超えて議論する場を設けました。

平時に関係を作っておくと、記者との距離が短くなっており、急に沸騰する問題について、より正確な情報提供ができることになります。沸騰時には、提供側も取材側も、時間がありません。しかし記者は、信頼できる情報源を求めています。ポイントは、取材を断らないこと、そして説明する素材をこちら側が準備して、すぐに提供できる状態にしておくこと、相手のレベルと目線に合わせた情報提供をすることです。

飛び込み取材では、記者と面識がないことから、相手の知識や興味、意図するところなど、背景が分かりません。ですから、「社会部か、経済部か、科学部か」を取材される側が「逆取材」して、相手の視

9章 | リスクコミュニケーションの改善に向けて

点に合わせて情報提供することが肝心です。

「どのような記事になるかが分からないから取材に応じない」。そういう専門家が多いですが、それでは記者はその分野の専門家では必ずしもない「いわゆる科学者」しか取材先がなくなってしまい、結果、誤った情報が流れることの一端をかついでいると言わざるを得ません。そうではなく、取材される側が準備しておくことで、正確なリスク情報の共有に一緒に参加することができます。

　記者の目利き力を作るのは情報提供側でもあることを再認識しましょう。

9-7

発信力の時代に求められる専門家とは

💡 Point

発信力の強い人から学ぼう

　伝わらなければ言っていないのと同じ。広告の世界では当たり前のことです。リスクコミュニケーションでも同様です。専門家が数字や細かいロジックを話しても、相手が理解できていないのであれば、伝えていないことと同じです。問われることは、何（What）を話すかではなく、どう（How）話すかです。

　科学者が言いたいことを専門用語でたくさん詰め込んでも相手には理解されません。あれもこれもと詰め込んだ「幕の内弁当」だと、印象が散漫になってしまうのです。

　ネット時代に発信力、共感力を求められる人物像とは？　普段から様々な顔を持って、色々な視点や役割で物事を見る目、伝えることが出来る人です。iPS細胞を発見してノーベル賞を受賞した山中伸弥氏はその立ち位置にいます。「患者にどう技術を還元するか」─常にその視点に立ち、素人にも分かりやすく相手の立場に立って語りかける姿勢に表れています。

　伝えたいことが伝わらないのは、発信力が弱いからです。発信力が弱いのが課題であれば、発信力の強い人からその方法を学ぶことです。発信力の強い科学者がどんな工夫をしているかを聞いたり調べたりすれば、伝わるように伝えるコツが浮かび上がってくるはず

9章｜リスクコミュニケーションの改善に向けて

です。

　伝えることは、実践で鍛えられます。専門家でも一歩自分の専門分野から出たら素人です。相手の立場であったらどう感じるか、どういったことに疑問を持つか、どういったしゃべり方をすれば理解しやすくなるか。想像力を働かせます。

　学校や地域での活動など、普段から自らの枠から出て社会に出かけていくことで、一般人の素朴な疑問や、記者からの質問に対し、どう答えれば「物事を単純化しすぎずに正確に伝えられるか」についての実践の場数を踏めます。参考になる本もたくさんあります。元NHK記者の池上彰さんの本には実践で使えるコツが満載です。

　物事を俯瞰的な「鳥の目」で見て、「聴ける、伝えられる」専門家が増え、伝える活動が活発になることが、福島原発事故で失われた専門家への信頼を取り戻し、あいまいで断片的な安全情報が拡散しやすい現代社会で必要とされているのです。ですからリスクコミュニケーションを他人事だと思わず、第一線の科学者・技術者の方にこそ、ぜひ実践していただきたいと願っています。

あとがき

　この本では、リスク情報がなぜ伝わらないのか、どうやったら伝わるのかのコツについてお伝えしてきました。この本を書いた背景に二つの問題意識があります。

　ひとつは、ネット社会が深まり、日本の「タテ社会」が徐々に液状化しつつあり、安全情報の発信形態が変わってきているのに、情報を発信する側の意識や方法が以前と変わっていないということです。インターネットが普及する以前のやり方では時代に合いません。若手や現場は危機感を抱いていますが、経営陣側の対応が遅れています。ネットやSNSでの「通報」や「炎上」で企業のイメージが損なわれ、経営が揺らぐ時代においても意識が変わらないのは、今後さらに大きな問題となっていくように思えてなりません。実際、2017年後半に相次いだ大手企業の品質不正問題は海外でも大きく報道され、「日本の品質は良い」というイメージを損なっています。

　もうひとつは、2011年の原発事故以降、住民対話が止まってしまっていることです。エネルギーの将来について原発再稼働賛成と反対の意見が衝突し、硬直化しています。だからこそサイレントマジョリティーとの対話が必要になりますが、なかなか進みません。

「日本人は議論下手。だから対話しても無駄ですよ」
　でも本当にそうでしょうか？

　本書でご紹介しましたが、原子力発電という社会の意見が両極端に割れているテーマでさえも、段取りを踏んで場を設定すれば、原

子力に否定的、肯定的な考えの人という、枠組みを超え、率直な意見交換と対話ができました。丁寧に、適切にデザインすれば、住民説明会にありがちな「糾弾集会」ではなく、事業者も含めて、人と人との率直で誠実な意見交換ができるのです。

　この経験を経て、あるリスクについて関係者と対話型のリスクコミュニケーションを行うかどうかは、その意思があるかどうか、と考えるようになりました。そして、対話が始められないのは「開くこと」に対する不安からで、その漠然とした不安は、対話する相手がよく分からないこと、対話の作法（リスクコミュニケーションの方法）がよく分からないという双方から来ていると感じました。これには、リスクコミュニケーションは「従来の広報と同じで、それにマナーが加わったもののよう」という根本的な誤解も大きくかかわっています。さらには、科学的に正しければ相手は受け入れるはずという誤解に基づく「リスコミ」も散見されます。

　利害が衝突し、意見が異なる相手との対話は時間も労力もかかります。地道な作業でもあり、多くの人には遠回りに感じるでしょう。

　でも、結局、情報発信者に対して信頼がなければ、「安全ですから安心してください」と言われても、言われた方は腑に落ちませんし、信じません。そして、いったん失われた信頼を回復するには、はるかに長い道が待っています。それを防ぐために、何もトラブルのない時から相手に伝わるようにどう発信するかを考え、試行錯誤を繰り返しながら、真のリスクコミュニケーションを実践していくことで、社会と対話する力が高まっていくことでしょう。

　科学や技術にとどまらない、一般向けリスクコミュニケーション

の入門書は『やばいことを伝える技術:修羅場を乗り越え相手を動かすリスクコミュニケーション』(2017年)を、福島原発事故により焦点を当てた新書版には『リスクコミュニケーション』(2013年)があります。参考にされてください。

　日本では、豪雨や地震による土砂崩れや洪水など、大規模な自然災害が年々目立ってきています。リスクコミュニケーションとは何か。実施する側が理解し、普段からの関係づくり、丁寧にデザインされた対話を行うことが鍵です。本著が一助になれば嬉しい限りです。

2018年10月 西澤　真理子

参考文献

- ダン・アリエリー『不合理だからすべてがうまくいく』2010 早川書房
- 池上彰『分かりやすく＜伝える＞技術』2009 講談社現代新書
- 池上彰『伝える力』2007 PHP ビジネス新書
- 池上彰・森達也『池上彰・森達也のこれだけは知っておきたいマスコミの問題』2015 現代書館
- 岩波明『発達障害』2017 文春新書
- ダニエル・カーネマン『ファスト＆スロー』2014 早川書房
- 小島正美『メディアを読み解く力』2013 エネルギーフォーラム
- 小島正美『正しいリスクの伝え方』2011 エネルギーフォーラム
- R セイラー・C サンスティーン『実践 行動経済学』2009 日経 BP 社
- 佐田高典『ココロの経済学』2016 ちくま新書
- 西澤真理子『やばいことを伝える技術』2017 毎日新聞出版
- 西澤真理子『リスクコミュニケーションハンドブック』『リスク評価を伝えるハンドブック』リテラジャパン自社出版（2014、2012）
- 西澤真理子『リスクコミュニケーション』2013 エネルギーフォーラム新書
- 西澤真理子『科学者が科学を語る』2006 科学技術振興機構（JST）助成報告書
- 西澤真理子・掛谷英紀、安全・安心を得るための食のリスクコミュニケーションの研究、浦上食品・食文化振興財団 H20 年度研究助成報告書 2010
http://www.urakamizaidan.or.jp/winner.files/vol17urakamif-16nishizawa.pdf
- 西澤真理子、池畑政輝「定性的リスク議論の現状と定量的リスク議論のための社会構造の必要性」『日本リスク研究学会誌』17（3）112-121（2008）

・松永和紀『効かない健康食品 危ない自然・天然』2017 光文社新書

・Baruch Fischhoff and John kadvany(2011)"Risk:A Very Short Introduction "Oxford University Press.

・Ben Goldacre(2008)"Bad Science "Fourth Estate

・Mariko Nishizawa(2018) How Risk Communication Can Contribute to Sharing Accurate Health Information for Individual Decision-Making: An Empirical Study from Fukushima During a Post-emergency Period, in M. Bourrier and C. Bieder (eds) "Risk Communication for the Future", pp 81-93, Springer.

オープンアクセス　フリーダウンロードリンク

https://link.springer.com/book/10.1007/978-3-319-74098-0

参考 web　http://literajapan.com
イラスト：もりひろこ

西澤真理子　にしざわ・まりこ

上智大学外国語学部ドイツ語学科卒。製品安全コンサルタントを経て、英国ランカスター大学環境政策修士号、インペリアルカレッジロンドンにて博士号を取得（Ph.D in Risk Policy and Communication）。ドイツ学術交流会（DAAD）国費奨学生として、ドイツ・バーデンビュルテンブルク技術アセスメントセンター客員研究員。フンボルト財団ドイツ政府国費研究員、シュトゥットガルト大学環境技術社会学科プロジェクトリーダーなど、10年のイギリスとドイツでの研究生活を経て2006年帰国。リテラジャパンを設立。現在、筑波大学非常勤講師。総務省、厚生労働省、東京消防庁、科学技術振興機構、日本学術会議、日本学術振興会の委員も務める。IAEA（国際原子力機関）コミュニケーションコンサルタント。2011年には福島県飯舘村アドバイザー。単著に『リスクコミュニケーション』（2013年、エネルギーフォーラム新書）、『「やばいこと」を伝える技術』（2017年、毎日新聞出版）。国内外での講演、論文多数。

リスクを伝えるハンドブック
—— 災害・トラブルに備えるリスクコミュニケーション

2018年10月29日　第一刷発行

著　者	西澤真理子
発行者	志賀正利
発行所	株式会社エネルギーフォーラム 〒104-0061 東京都中央区銀座 5-13-3　電話 03-5565-3500
印刷・製本	錦明印刷株式会社
ブックデザイン	エネルギーフォーラム デザイン室

定価はカバーに表示してあります。落丁・乱丁の場合は送料小社負担でお取り替えいたします。

©Mariko Nishizawa 2018, Printed in Japan　　ISBN978-4-88555-497-1